非洲哲学

——跨文化视域的研究

Afrikanische Philosophie im Kontext der Weltphilosophie

【德】海因兹·基姆勒◎著
王俊◎译

人民出版社

责任编辑：李之美

图书在版编目（CIP）数据

非洲哲学：跨文化视域的研究 /（德）海因兹·基姆勒著；王俊译．—北京：人民出版社，2016.8

ISBN 978－7－01－016463－2

I. ①非… II. ①海… ②王… III. ①哲学－研究－非洲 IV. ① B4

中国版本图书馆 CIP 数据核字（2016）第 167031 号

原作者：Heinz Kimmerle

原书名：*Afrikanische Philosophie im Kontext der Weltphilosophie*

著作权合同登记：01－2015－7092

非洲哲学

FEIZHOU ZHEXUE

——跨文化视域的研究

［德］海因兹·基姆勒 著 王 俊 译

人民出版社 出版发行

（100706 北京市东城区隆福寺街 99 号）

北京盛通印刷股份有限公司印刷 新华书店经销

2016 年 8 月第 1 版 2016 年 8 月北京第 1 次印刷

开本：710 毫米 ×1000 毫米 1/16 印张：12.5

字数：100 千字

ISBN 978－7－01－016463－2 定价：46.00 元

邮购地址 100706 北京市东城区隆福寺街 99 号

人民东方图书销售中心 电话：（010）65250042 65289539

目　录

导　读

海因兹·基姆勒（Heinz Kimmerle，1930—2016），哲学教授。他在伽达默尔的指导下完成博士论文，之后在德国波鸿大学（Ruhr-Universität Bochum）完成教职论文并长期任职于波鸿大学的黑格尔档案馆，参与了多卷《黑格尔全集》的编纂。1976年他获得荷兰鹿特丹伊拉斯谟大学（Erasmus Universität Rotterdam）哲学讲席，在任职的最后五年间，他是鹿特丹伊拉斯谟大学跨文化哲学基础这一基金会教席的拥有者。自此之后，他的研究重点就是跨文化哲学，尤其关注非洲哲学。

非洲哲学，如果涉及的范围是撒哈拉以南的非洲，那么就是在这个大洲的国家取得独立之后、也就是说是自20世纪下半叶，才成为一个课题的。通过对于自身哲学的沉思，非洲恢复了对其充满价值的独特文化的意识，这种意识在殖民化过程中曾被剥夺了。在争取独立的斗争中领袖们构想了一种政治哲学，尝试着赋予那种由此形成的实践形势一种合理性。长期以来充满争议的部族哲学不只是传教实践的一个工具，而且也是一种掌握特定非洲民族之思想的方法。

那些正在创建中以及正在发展中的非洲大学也在着力研究哲学，在这种哲学中实践—政治的和伦理的问题也处于首要位置。在这里，哲学智慧导师或者说智者的传统，亦即传统非洲的哲学家们，在今天的非洲大学哲学里继续发挥作用。在其存在的范围内，智者的工作曾经以及现在都是如此定位的：在作出极为困难的决定时为官员或者私人提供实用的建议。

自从 1947 年“非洲出场”出版社以及同名书系在巴黎创建以来，特别是自从 1978 年在杜塞尔多夫世界哲学大会中非洲哲学论坛的设立，非洲哲学就介入了世界范围内的哲学讨论。来自于（非裔）移民社区、特别是来自美国的对于非洲哲学的贡献，扩展了这一哲学的论题范围，涉及了对奴隶历史的处理，以及在白人人口占优势地位的国家中反对歧视黑人的斗争。而且从移民社区相对外部的视角出发，非洲内部的问题也有了不同的、且在局部上更清晰的表述。

在跨文化哲学的研究整体中，非洲的哲学和欧洲的—西方的哲学之间的对话具有一种特殊的意义：在一种传统上主要以口头形式交流和传承的文化中，就已经预设了哲学的现实存在。由此就开启了一种可能性，在每种文化中都有一种属于这种文化的哲学。

主要以书写形式以及主要以口头形式进行哲思，它们可以并存并且和谐相处。在不同文化的哲思活动的风格和内容上，除了共同点和一致性，却也有不同点和差异性被保留下来——就像在跨文化哲学对话中一样。后者构成了解决当今和未来的哲学问题之可能性的动态潜力。

引言：非洲哲学的特殊性及其与世界哲学的关联

一种地区化的、在其特殊性中被领会的哲学如何与世界范围内国际化的哲学讨论发生关系，这个问题在全球化过程的关联整体中被提出，全球化的过程正在经济的、政治的、技术的、科学和艺术的各个领域以令人目眩的速度发生着。这个过程在多重意义上具有将世界上的其他一切部分世界化的形式。但是也有对抗的力量，它们或者意欲停止和阻碍全球化过程，或者要采取另外一种形式令世界的不同部分共同成长为一个整体。如果一种哲学的地域特殊性被严肃对待，那么对于西方风格的统一哲学的追求就不可能成为目标，由此得出，西方哲学自身也绝非统一的。不如说，在此所处理的问题是，对特殊地域的哲学如何为世界范围内国际化的哲学讨论有所贡献作出说明，以便形成一种在其自身中有所差异的思考工具和思考路径的可能性，对于解决那种世界范围内的、却同时也具有地域性差异的生活问题，这种可能性是必不可少的。

在这个意义上，这里就应当研究自身内涵丰富的非洲哲学与世界哲学之间的关系。我们基于这样的期待，当非洲哲学寻找到与国际化的世界哲学讨论之间的通道时，那么它就能够通过与世界其他部分哲学进行跨文化哲学对话、对于正在形成的世界哲学承担起重要的贡献，并且其自身也通过这场对话得到丰富。在这里，“非洲哲学”这个表达所指的乃是撒哈拉沙漠以南的非洲大陆上的哲学，也指来自于这一区域的、但以少数族群的身份生活在美国、加勒比地区以及生活在法国、英国和其他国家的人们所做的哲学工作。

自从非洲国家摆脱了殖民统治获得独立之后①，以下这个与非洲哲学关系重大的问题就受到了热烈讨

① 对于大部分非洲国家，独立运动发生于1960年前后。其中例外的情形是之前葡萄牙的殖民地莫桑比克和安哥拉以及南非，在那里，国民中白人的种族隔离政策一直延续到1994年。

印象非洲

论：是否存在非洲哲学？如果是，那么哪些表达形式和思考风格是这种哲学所特有的。这个问题在非洲最先是以千差万别的方式被处理和被回答的。这个问题也可以这样被提出：人们是否可以将非洲民族的智识传统称为“哲学”，如果可以，那么在何种意义上它们是哲学的？然而在以多种多样的方式谋求独立的斗争中，哲学的沉思就被置于这场斗争之中，对于其合法性和必要性的哲学论证已被列入议事日程。独立斗争的领导者的政治理论很明显与哲学有重要关联。它们构成了一门定位具体的且以具体动机的需求为指向的政治哲学。人们可以将之视为非洲政治哲学不断延伸的历史中的一个阶段，这一历史肇始于 19 世纪中期，时至今日依然延续。哲学工作的这一类型对于 1960 年左右兴起的对于非洲哲学的追问非常重要，这会在第一章中得到阐述。

自从取得独立以来，关于非洲哲学的这场讨论已经兴起——上文已提到，它植根于非洲政治哲学的历史之中，这一情形在欧洲基督教传教士的努力中有其前史，从某一种族群体中非洲人的语言，特别是谚语、神话传说以及风俗和习惯出发，去搞清楚这些人的思想。这种努力在受过哲学教育的非洲基督教神学家们接手后得到深化。这一工作的共同体以“部族哲学”（Ethnophilosophie）之名在大多数情形中以极有争议的方式被讨论。在金沙萨的天主教神学系（Facultés Catholiques de Kinshasa）形成了关于非洲民族之哲学的解释学方向。更进一步，部族哲学构成了提升某些民族哲学思想的方法论根基，这一根基此前已被基督教的传教实践和神学动机分离出去了。这一情形在大学哲学的范围内发生，对于部族哲学的工作之论述整体上乃是第二章的对象，而由大学哲学家们承担的对此项工作的批判则在第三章中出现。

在政治独立之前，在很多非洲国家就已经有一些大学机构，它们大部分具有伦敦或巴黎的大学中一些组成部分（学院）的组织形式。伴随着谋求独立的过程，这些机构被建构成完整的大学。哲学专业最先与宗教学（Religious Studies）安排在同一个专业领域（Department），但是为了以英语国家和大学的术语来描述，比如精神科学系（Faculty of Arts）等大部分专业很快就具有了独立的专业领域。在这些院系中形成的学院化的非洲哲学，课程和研究重点，特别是对于传统非洲哲学思想的接受也被安排在第三章。在此有一条思想线索从第二章中出发继续延伸，它涉及大学哲学家对于部族哲学的批判。在这里已然指明了，非洲大学哲学介入了世界范围内的国际哲学讨论以及这种介入是如何发生的。

曾在法国接受教育的来自马里的哲学家阿莫多·汉帕特·巴（Amadou Hampaté Bá），特别是曾在瑞典和美国学习的肯尼亚哲学家亨利·奥德拉·奥卢卡（Henry Odera Oruka），在以下工作中颇有成绩：他们使传统非洲共同体中的一些哲学家以智者（Sages）（法语或者英语的说法）之名连同着他们各自的哲学智慧学说广为人知。法国种族学家马塞尔·格里奥勒（Marcel Griaule）所记录的关于多贡（Dogon）的盲人思想家奥格特梅利（Ogotemmeli）的叙述同样属于此类。智者的工作，就是向陷于困难的决断处境中的政治领袖、部落酋长、家族首领或者还有私人个体给出建议，这一方式表明了非洲哲思活动的特殊和特有之处。由汉帕特·巴 1980 年发表的梯尔诺·博卡（Tierno Bokar）的哲学学说，还有当初以古老的埃塞尔比亚文字记录的 16—17 世纪埃塞俄比亚智者们的学说——在 20 世纪 80 年代由克劳德·苏姆内尔（Claude Sumner）“发现”，翻译成英语并公开发表，这些由于偶然的动机被记下并得以保存的学说都构成了对于智者工作的证据。这是学院哲学研究的重要结论，会在第四章中论述。

位于巴黎的“非洲出场”（Présence Africaine）出版社和同名书系从其 1947 年建立开始，就为非洲作家及后来的哲学家们提供了将他们的文本译成法语和英语出版并使之进入欧洲和北美更宽广的读者圈的机会。[①] 其中包含的哲学视角下非洲民族的文化人类学研究也是通过这条路径广为人知并成为重要的讨论对象的。在英语文献中，关于非洲思想的问题从 20 世纪 70 年代以来才在哲学讨论中被严肃对待。人们可以更进一步地准确地指出这一年代，即什么时候非洲哲学——诚如第一章到第四章中描述的不同面向——以某种程度的制度化的方式进入世界哲学的语境之中，即被世界哲学所接受。1978 年在杜塞尔多夫举行的世界哲学会议中，在阿尔文·迪梅尔（Alwin Diemer）的领导下会议首次设置了关于非洲哲学的论

① “非洲出场”（Présence Africaine）是一个关于非洲文化、政治、文学的期刊的名字，1947 年由阿里奥内·迪奥普（Alioune Diop）在巴黎创办。1949 年“非洲出场”扩张为一个出版社和一家书店。这个期刊对于泛非主义运动、非洲法国殖民地的去殖民化运动以及黑人运动的产生起到了重大影响。——译者注

坛。自此之后，在定期举办的世界哲学会议中这个安排就被保留下来。关于非洲哲学以制度化的方式被纳入世界哲学的语境之中这一议题将在第五章被提及。

在美国，随着以肤色划分（color line）出现的种族分离界线被逐渐消除，一种非洲哲学特殊的工作方向得以形成，这一方向也特别关注早期黑奴的经验尤其是他们从奴隶主那里获取解放的斗争经验这一主题。这类哲学工作在很多美国大学从事黑人研究（Black Studies）的单位中取得其机构化的容身之处，这个单位不久之后更名为美国的非洲研究（African American Studies）。在这些研究单位中也会研究美国的非洲哲学，这一研究以非洲之名寻求将非洲大陆本身的哲学与其他的移民聚居区，比如加勒比群岛上所产生的哲学整合在一起。更宽泛地说，还有一些非洲大陆的哲学家在美国大学获得了哲学教席，在这里他们从事关于非洲哲学的重要研究。在海外移民聚居区的非洲哲学家的工作被安排在第六章。

非洲哲学与在世界上存在的其他哲学之间的内容联系会在跨文化哲学的研究整体中得到阐述。在此要搞清楚的是，非洲哲学对于国际哲学讨论以及最终对于世界哲学的特殊贡献究竟何在或者有可能何在？在西方国家兴起并且得到推动的跨文化哲学的出现和工作方式，将自身定位于西方和远东、西方和非洲、西方和拉丁美洲以及西方和伊斯兰—阿拉伯哲学之间的相互关系，还应该扩展到非西方哲学之间的关系。在西方国家内部，跨文化哲学不得不与自启蒙运动出现并且时至今日仍然存在的西方哲学的种族中心主义做斗争。在第七章我们将转向讨论跨文化哲学的出现，并且在这个研究整体内特别关注西方哲学和非洲哲学之间的关系。

跨文化哲学的方法理应受到特别的关注。迄今为止，对话（Dialoge）被证明是这种哲学样式的适合形式。考虑到可期待的结果以及其他一些在其方法含义中需要解释的东西，对话预设了平等的对话者和开放性。如果对话的参与者之一习惯于主要以口头的方式交流并且将此交流的重要内容传递给新一代，就像传统非洲哲学的情形那样，那么这种特殊的情况也应加以重视。假设在一些文化中，哲学主要以口头形式交流和流传并被接受，那么另外一种文化的哲学与之进行对话，在此跨文化哲学工作中的一个决定性步骤就完成了。这种在方法上对于跨文化哲学具有重大意义并且普遍而言对于一般哲学概念具有重大意义的关联整体会在第八章得到表述。

最后，主要付诸书写形式的哲学思想与主要付诸口头的形式的哲学思想之间的关系将成为主题。这二者并无高低之别，这终究是对话可能性的前提条件。在很多方面，主要付诸书写的和主要付诸口头的哲思活动可以被放到一起并且相互补充。除了彼此一致的趋势之外，也有一些留存的差异不应被忽视。世界哲学不可能也不应当是一个取消不同传统和思想方式之差异的统一整体，而是一个动态的事件过程，是其中相同之物和一致之物以及差异之物和不同之物各自凝聚形成的。

第一章
政治哲学：非洲领袖在领导独立运动中的实践哲学

随着对独立的追求，非洲人重新意识到要拥有哲学。剥夺否定非洲民族独特且意义重大的文化、历史、宗教以及（或者说首要地）哲学，这是殖民策略一个重要的组成部分。同样的情况也发生在世界上其他被欧洲所殖民的地方，即便极端的情形比较少见。因此去殖民化的过程同时也意味着，伴随着这个过程重新赢得那种独特且意义重大的文化、历史、宗教以及独特的哲学。因此，在非洲伴随着追求政治独立的斗争就有一种关于此斗争的特殊哲学产生出来，并且在其中有一个过程得以预备，通过它非洲各民族重新获得了它们独特的哲学，这一切就是合乎逻辑的。

在这个关联整体中很多哲学构想被作为马克思主义的社会主义的理论工具，这完全是可以理解的。在一个阶级被另一个阶级压迫的理论中以及在指明他们能够自我解放的理论中，可以找到很多关联点，对被殖民状态的情形以及改变这种情形的努力和争取独立的努力作出澄清。很清楚的是，针对欧洲社会内部的压迫的特殊形式及其克服的理论，必须要作出调整才能适合于非洲民族从殖民力量那里要求政治独立的斗争形势。

在关于这场斗争的合理性和必要性的哲学反思中，列奥波尔德·塞达·桑戈尔（Léopold Sédar Senghor）的思想扮演了决定性的角色，他后来成为政治上独立的塞内加尔的第一任总统。他的思想工作属于追求一种“黑人自我意识”的理论奋斗的范围，以及理论—实践的、国际化的、并且超出非洲大陆的黑色人种（Négritude）运动的范围。阿里奥内·迪奥普（Alioune Diop）也属于这一运动，他是“非洲出场”的创立者，还有阿兰·洛克（Alain Locke）和艾梅·塞萨尔（Aimé Césaire），他们来自于美国以及加勒比地区。桑戈尔还是一位著名的诗人，他努力证明

塞内加尔第一任总统桑戈尔

黑人诗歌（poésie nègre）的质量和丰富性。[①] 他的政治哲学一开始就具有一种跨文化的特征，他与法国哲学家们、特别是与萨特（Jean-Paul Sartre）之间保持着一种批判性的思想交流。萨特和桑戈尔共同编纂了一套丛书《自由》（*Liberté*），桑戈尔在上面发表了他最重要的论著中的几部。[②] 萨特为桑戈尔的来自黑色非洲的新法语诗歌选集撰写了导言式的文章，题为《黑皮肤的俄耳普斯》（*Orphée noir*）。[③]

相对西方人的长处和强处，桑戈尔提出了与之不同的非洲人的长处和强处，这些长处和强处证明非洲人与西方人是平等的甚至有优势的。按照他的观点，就像理性（raison）刻画了希腊人以及源于此的欧洲思想的特征，情感（émotion）对于非洲而言同样是标志性的。在桑戈尔看来，非洲的社会主义应该与欧洲的马克思主义的社会主义有所差别，其差别在于，

---

① 参见列奥波尔德·塞达·桑戈尔:《黑人和马达加斯加人法语新诗选》（*Anthologie de la nouvelle poésie nègre et malgache de la langue française*），巴黎，1972 年。

② 参见桑戈尔:《黑人与人道主义》,《自由》第一卷，巴黎,1964 年;《黑人和普世文明》,《自由》第三卷，巴黎,1977 年。

③ 参见俄耳普斯（Orpheus）是古希腊神话中的音乐家，善弹竖琴。——译者注

非洲的社会主义更加人道主义，并且不需要通过暴力革命去实现共产主义无阶级的社会。“非洲需要自由”，从社群自治主义（Kommunalismus），即并不存在阶级对立的传统非洲社会中的共同体意义出发，就应该有一条直接通往共产主义的道路。在桑戈尔看来，马克思主义无神论的基本信仰与非洲思想是格格不入的。[①] 然而萨特在桑戈尔这种程式化的对立中、在他对于非洲人相对于欧洲人的在某些领域内的优势的追求中，看到了一种“反种族主义的种族主义”，萨特尝试在黑格尔辩证法的反题的意义上，将之解释为导致非洲人在殖民主义中的人性丧失的反题，并且尝试在某个界限内为之辩护。按照萨特在上述桑戈尔的诗歌选集的导言中所阐述的，作为中间环节或资格的黑人属性（Négritude）最终是必须被超越的，以便达到一种不带有种族或者阶级对立的普世文明的合命题。

政治哲学家弗朗茨·法农（Frantz Fanon），出生于法属马提尼克岛（Martinique），投身于阿尔及利亚反抗法国的自由斗争。他驳斥了从社群自治主义到无

① 参见桑戈尔：《国家和社会主义的非洲道路》，巴黎，1961 年，载《自由》第二卷，巴黎，1971 年。

阶级对立的现代自由社会之间的过程无斗争的可能性。他为自由斗士的暴力革命辩护，称之为对抗的暴力，这种对抗的暴力之所以被引发，乃是殖民者经由一种长期的、渗透至无意识的深层中的暴力压迫所致。按照他的表述，那些引发严重后果的事件常常会将被压迫者与对立者画上等号。如果对抗的暴力不再指向早期的压迫者，那么这种暴力在某些历史和政治条件下的潜意识的冲击力就会导向非洲部族相互间的侵略。法农反对萨特对于黑人属性的批判，在局部上将这种属性辩护为通往一种普世文明的和谐状态的过渡过程。按照他的理解，桑戈尔的错误毋宁说在于他没有注意到非洲人和欧洲人之间的由生物—种族的区别造成的政治和历史的形塑。① 来自喀麦隆的马西恩·托瓦（Marcien Towa）进一步发展了法农的思想并且提出了如下要求：非洲哲学必须具有一种明确的历史的、社会的和政治的功能。②

政治领袖有意识地且坚定地优先以非暴力的方式

① 弗朗茨·法农：《这片大地上的受诅咒者》，兰贝克（Reinbeck）、汉堡，1969年；《黑色皮肤，白色面具》，法兰克福，1985年。

② 马西恩·托瓦：《试论非洲目前的哲学问题》，雅温德（Yaoundé），1971 年。

对付殖民者，并且首先期待那种从文化生活中产生的变革力量，这必然会成为一场特殊的悲剧，就像刚果的帕特里斯·卢蒙巴（Patrice Lumumba）或者几内亚的阿米卡尔·卡布拉尔（Amilcar Cabral）被谋杀，无法再参与争取他们国家的独立。

加纳也在非洲南撒哈拉地区争取独立的斗争中扮演着领导者的角色，加纳的克瓦米·恩克鲁玛（Kwame Nkrumah）作为领袖出现并且也成了这个独立国家的第一任总统。在非洲政治家组成的各种不同会议中，他以泛非主义（Panafrikanismus）的捍卫者出现。在他看来，这里所涉及的乃是在独立斗争中有意识和认真投入之间的一种关联，就像他创立的良知主义（Consciencism）所表达的那样，他也将这个新概念用作他最重要著作的标题。[①] 恩克鲁玛在以下观点上与桑戈尔一致，即社群自治主义必须构成政治上已取得自由的非洲国家之政治的出发点。而按照他们的观点，社群自治主义的原则必须要适应于非洲的现代形势。除了原初的非洲传统，这种形势决定性地且

---

① 克瓦米·恩克鲁玛：《良知主义。去殖民化和发展的哲学与意识形态，以非洲革命为特殊参考》，伦敦，1964 年。

加纳第一任总统克瓦米·恩克鲁玛

不容置疑地被欧洲—基督教的和阿拉伯—伊斯兰教的影响所规定。而他在行使权力的统治风格上展示了一种独断的作风，这最终导致了政变的发生。就像来自贝宁的保林·洪东基（Paulin J. Houndondji）所指出的，在他的著作《使命论》（伦敦，1970）修订后的第五版中可以认识到恩克鲁玛的立场在内容上的一个变化。此时他不再从以下观点出发：即非洲没有阶级斗争。只有在传统非洲的共同体中才是如此。在现代非洲为了实现无阶级的社会形势，存在进行暴力革命的必要性。①

早在导向政治独立的斗争式争吵出现之前，乔莫·肯雅塔（Jomo Kenyatta）就更加精确地描述了他的国家里传统非洲社会中的形势。更广泛意义上的家庭不仅构成了这个社会的核心，而且规定了其结构。在大家庭（extended family）中所有同一辈的成员都是兄弟和姐妹，辈与辈之间的所有关系都是父亲与儿子、母亲与女儿。宗族（clan）和村庄是家庭的进一步扩展，村庄的群体和民族的情形也相同。兄弟式的存在

① 参见保林·洪东基：《非洲哲学。神话和现实》，盖尔德-吕迪格·霍夫曼（Gerd-Rüdiger Hoffmann）编，柏林，1993年，第6章和第7章。

肯尼亚第一任总统乔莫·肯雅塔

以象征的方式表达了这种关系。这里所关系到的不仅是自身的民族，而且是关系到整个非洲大陆，最终关系到人类整体。在这个意义上人们可以说四海之内皆兄弟（universal brotherhood，普遍的兄弟关系）。互相之间的帮助和彼此操心意味着，财富在原则上是要瓜分的：关心即分享（caring is sharing）。当然，人们不应将此关系理想化。仇恨和忌妒、纠纷和争吵式的论争并没有在非洲传统共同体中绝迹。然而肯雅塔阐明了：没有人在紧急状况下会孤立无援，这在任何时候都有效。他强调了那种正当的关系，即不存在个人占有。原则上所有事物属于所有人，所有事物将要重新按照需求和贡献进行分配。不断提升的平等促使出现了多种多样的生产合作形式。位于肯尼亚中部的吉库尤人（Gikuyu）熟知其社会的一种严格平均主义的结构。特定家庭的领导地位每十年发生转换。[①] 而在非洲的其他部分，也有自治的政府形式；存在着国王和首领，他们支配巨大的权力。但是也总是带有这种固有的忧虑，即长期来看政府无法应对人民的利益和幸福。

---

① 乔莫·肯雅塔：《面对肯尼亚大山》，伦敦，1938 年；新版，纽约，1962 年。

最后，坦桑尼亚独立运动的领导者朱利叶斯·尼雷尔（Julius Nyerere）也应被提到。他强调传统社会中决策的民主形式。在此共识（Konsensus）的原则具有重大意义。一个多数人支持的决策也会将相关共同体中处于少数的成员捆绑在一起，在他看来这是不够民主的。这种方式没有以足够严肃的态度对待持有不同观点的少数人的权利。每个人必须在漫长的讨论中陈述和表达他的观点，这种讨论就是协商的形式，它会达至共识：我们谈话直至我们赞同（We talk until we agree）。在尼雷尔看来，生产中现存的合作形式构成了一种政治和经济试验的出发点，在这些试验中社群自治主义应当在现代性条件下经受考验。按照东欧那种自身并非无问题的社会主义合作社的参考模式，尼雷尔建立了一些村庄，在那里没有私人财产，大型农业机器被共同购置和使用，非洲的共同体意义应当构成彼此间相互援助的基础。这些村庄按照村社（Ujamaa）[①] 的原则被设置，这一原则应当将非洲社会

① Ujamaa是斯瓦西里语（Swahili）词，原意为“大家庭”，“兄弟关系”和“社会主义”，尼雷尔将之发展为一个特定概念，特指农村社会主义经济合作方式。在一些汉泽中也直接采用音译，译为“乌贾马”。——译者注

坦桑尼亚联合共和国第一任总统朱利叶斯·尼雷尔

主义转化为实践。[①] 这一试验从一开始效果就不好，从长期的角度来看应被当作是失败的。一个特别重大的问题存在于以下情形之中：在设置一些村社式村庄的过程中造成了强制迁移的情况。就像许多关于非洲社会主义的考虑一样，这种理论—实践的试验尝试将西方的模式直接转嫁到非洲的现实情况之上。

来自阿克拉的加纳大学勒冈校区（Universität von Ghana in Legon/Accra）的克瓦米·哥耶克耶（Kwame Gyekye），在对今日非洲处于传统和现代性之间的形势所做的透彻的哲学分析中指出，独立斗争中领袖的政治哲学可以称为“社会主义的插曲”。按照他的论述，一方面传统非洲共同体中的关系与欧洲的社会主义社会是不可比较的。社会主义的概念并不适合于描述相应的关系。特别是私人经济主动性的可能和收集某些财富的可能，这在传统的非洲是存在且极为常见的，却一直未被关注。另一方面，对于非

① 朱利叶斯·尼雷尔：《自由与社会主义》，内罗毕（Nairobi），1968 年；《村社（Ujamaa）：关于社会主义的文章》，达累斯萨拉姆（Dar es Salaam），1968 年。Ujamaa 是一个斯瓦西里语词：Jamma 意思是村庄，ujamaa 可以按字面意思翻译成村社（Dorfheit）。

洲未来道路的规划，社会主义也并非适用的理论范围。特别是那些与马克思主义的社会主义相伴随的现象，与被解释为终结方式的“无产阶级专政”相关，而且与此相联系的是从资本主义到社会主义的过渡中的不自由形式，这些都滋长了对于该理论适用范围的怀疑。①

在皮特·博勒·范·亨斯布罗克（Pieter Boele van Hensbroek）关于非洲政治哲学的博士论文中，他将政治理论引入了一个更为宽广的历史背景之中。②他从被称为“非洲人霍尔顿”的詹姆斯·比勒·霍尔顿（James Beale Horton）和爱德华·维尔莫特·布里登（Edward Wilmot Blyden）的观点开始，指出这些观点在19世纪中期就已经清楚表达出了那些被解放奴隶的一种新的自我意识，这些奴隶在利比里亚和塞拉利昂建立了自己国家。他们发展出一种“关于文

---

① 哥耶克耶：《传统与现代性：对于非洲经验的哲学反思》，纽约/牛津，1997年，第五章。

② 皮特·博勒·范·亨斯布罗克：《非洲政治哲学，1860—1995。对三个话语家族的调查》，哲学博士论文，格罗宁根（Groningen），1998年；该论文以如下题目正式出版：《从1960至今非洲思想中的政治话语》，韦斯特波特（Westport），2000年。

明和历史进步的普世构想”，在其中非洲占据了一个意义重大的位置。范·亨斯布罗克研究的第二种政治讨论的是 20 世纪上半叶，在国际社会层面上为了反对歧视非洲和非洲人所做的斗争，以及非洲理论化的构思被制定出来的情况，这些构思以一种新的方式呈现非洲的文化，特别是在社会和政治领域内呈现出来。范·亨斯布罗克将上文提到的乔莫·肯雅塔的著作《面对肯尼亚大山》也归为后一种政治讨论，此书的第一版面世于 1938 年。最后，在对独立斗争中政治领袖的理论进行评论之后——我们的论述就是由此开始的，范·亨斯布罗克的著作还包含了对 20 世纪 90 年代“民主化转向”的研讨，这一转向在非洲是随着柏林墙倒塌和东欧“现实生存的社会主义”垮台后的民主化运动才形成的。关于此我将在更晚近立场的当代背景下、在非洲大学哲学和非洲移民聚居区的哲学工作的相关背景中加以更详尽的论述。

第二章

部族哲学：基督教的传教工具及掌握非洲民族思想的方法

《班图哲学》——第一本通过同语系的语言及其哲学来研究一个非洲民族群落的著作，在某种程度上也是关于非洲哲学的开山之作。此书最早是以弗拉芒语写的、1945年初版，作者是比利时传教士普拉西德·唐普尔（Placide Tempels），他对位于当时比属刚果东北部的卢巴族（Luba）进行了研究。这本书很快就被译成了法语、英语、德语和其他语言。[①] 唐普尔借助班图语的特殊符号全面深入地研究了卢巴族的语言，特别是将其谚语作为哲学思想的来

① 普拉西德·唐普尔：《班图哲学：本体论和伦理学》，德语译本，海德堡，1956年。关于其他版本更详细的论述参看本书第五章。

《班图哲学》书影

源。更进一步，他将这个民族的神话和传说、习俗和风俗看作是对此民族哲学的追述。他的著作中最重要的成果在于指出了卢巴族思想的基本概念乃是力（Kraft）。存在并非被理解为存在物的一种静态的等级秩序，而是被理解为多种力的游戏（Spiel）的动态事件过程（Geschehen）。这一点在“-ntu”这个词根中得到表达，这个词根在很多班图语言中都有出现，并且在其中表达了词语的这种独特类别。比如说，在斯瓦希里语（Suaheli）中“人”被称为Mtu，带有前缀“M”和上文提到的词根“-(n)tu”的词语表示“具有智能的生存者”；“事物”被称为Kitu，带有前缀“Ki”和词根“-(n)tu”的词语表示“不具有智能的生存者”。其他类别词头（如“Ha”和“Ku”）从一开始属于那些说明“地点和时间”亦即“生存的样式和方式”的词语。

唐普尔认为，卢巴族和其余的班图民族以及非洲的各民族整体上将他们所阐述的哲学隐含于他们的语言之中，尽管他们可能具有神话、礼俗等，但是并不能明确地展开为哲学。这其中首先存在着单单通过对于卢巴族的发现无法完全满足的普遍化过程；其次，有一种出于已构成命题的不可捍卫或者无法证明的欧洲优势立场。在唐普尔看来，使隐含的班图哲学明确化的工作动机在某种程度上是“信仰的狡计”。他想尽可能多地认识并且向他人描述非洲人的思想，因为这样就为他们的传教或者皈依基督教创造了最好的条件。

唐普尔的一位学生、非洲神学家和哲学家阿列西斯·卡伽梅（Alexis Kagame），为了消除上述唐普尔著作中的第一个问题，付出了巨大的辛劳和庞杂的劳作。他对于班图语言以及其中包含的哲学进行了海量的比较研究。基于这个充分的经验基础，他确认了唐普尔著作中那些最重要的结论，并且在多方面对之加以继续完善。他的研究中一个决定性的洞见就是，“-ntu”从来不是作为独立的词语，而每次都只是作为带有一个确定的类别词头的词根出现。因此，人们就不可以从一种普遍的本体论出发去把握班图的思想，而是说，这种思想始终与多重的本体论发生关系。它所涉及的命题总是关于具有智能的生存者或者不具有智能的生存者、在生存过程的地点和时间之中或者带有一种确定的生存样式和方式。① 这一命题就表达了一种相对于西方哲学中本体论的决定性差别，却也不太符合基督教神学的信条，而这一信条在卡伽梅那里被作为理所当然之物接受下来，即认为上帝是“最高的存在者”（summun ens）。唐普尔和卡伽梅基本的观点就是，班图思想涉及的并不是静态的存在关系，而是多种力组成的一场动态的游戏，如果人们严肃地考虑这一观点，从中必定会得出以下推论：与其将关于存在的本体论或者学说视为哲学最普遍的科目，不如说它是关于多种力的一种学说。

还有一位著名的神学家和哲学家、肯尼亚人约翰·姆比提（John S. Mbiti），他曾在著名的乌干达的马凯雷雷大学（Makerere Universität）任教，他使用了语言上的发现、特别是谚语，对非洲的宗教和哲学进行阐述。他把非洲的时间思想作为他阐述的核心。他的观点是基于自己的语言，即他所属的康巴语（Akamba）以及肯尼亚中部的吉库尤语

① 参见阿列西斯·卡伽梅:《语言与存在：中部非洲班图的存在论》，布拉柴维尔 / 海德堡（Brazzaville/Heidelberg），1985年，第105—108页。

(Gikuyu)，按照他的观点，在非洲的时间思想中，过去（Vergangenheit）占据了主要位置。过去是针对当下行动的最重要的定位值。在此并没有关于未来的语法形式。因此非洲人可能不会这样做，即把一个遥远的未来想成在当下被给予的未来视域（比如两年后的未来）。这个命题所依据的经验基础十分薄弱，它另一方面则是由一个神学的或者传教的动机而引起的。通过基于末世基督再临而实现的福音，基督教信仰向非洲人开启了未来时间这一维度。[①] 即便这个命题有点过于尖锐而且理所当然地受到了很多批评，但是对于非洲思想与过去的强力结合的说明则是极为重要的，特别在伦理学上具有重大的意义。他们认为，如果一个人与祖先保持一致地行事，像祖先做过的那样去行动，那么他的行动就是正确的。

莫里斯·恰马楞加·图姆巴（Maurice Tschiamalenga Ntumba）任教于民主刚果的金沙萨天主教神学院（Facultés Catholiques de Kinshasa），他作为神学家和哲学家从事着一种哲学构思，这一构思也是从语言

① 参见约翰·姆比提：《非洲的宗教和哲学》，伦敦，1969年，第17页。

上的发现出发的。他的“我们哲学”在此并不包含神学或者传教的附带目的。他所研究的语言是林加拉语（Lingala），在刚果的东北部使用。他确认了在这门语言中对于“我们”这个词的一种过度使用。比如说，某人对于“你儿子在干什么?”这个问题，可以如此回答:“我们在金沙萨学习”，对于“你太太还好吗?”这个问题，可以如此回答:“我们在上一周已去世了”。这种“我们”思想很明显深深植根于这门语言，并且是由一种强大的共同体意义而产生的。这个“我们”被理解为整个人类多种多样的“我们”中的一种。而且自然也是这个“我们”的众多动态过程中的一个伙伴。“我们的存在”被理解成一个共在（Mit-Sein），它被想成一张关系之网，排除了一种其他所有事物都从中派生出来的绝对存在。“我们”在林加拉语中的对应词语是 biso，而这门语言中的“我们”思想，图姆巴称之为 Bisoité，他将之与欧洲人的“自我思想”进行对比，他将后者称为 Moité。在一种有些程式化的对比中，他谈到了欧洲—西方的“自我哲学”以及非洲的“我们哲学”。在图姆巴看来，西方现象学中所讨论的交互主体性概念，所涉及的充其量只是一种“我—你的关系”（Ichduheit），而不是形成一种我们的构建要素。面对西方哲学中的这些趋势，为了克服个人主义，图姆巴不仅仅给予交互主体性、“我们”以及共同体更多的空间，而且尝试将深深植根于非洲思想的、且以多重方式被结构化的“我们哲学”，与一种在形成过程中被掌握的西方的“我们哲学”划清界限。①

来自内罗毕大学（Universität Nairobi）的约瑟夫·尼阿萨尼（Joseph Nyasani）重拾图姆巴的研究，寻求在非洲哲学中塑造出关于“我们”的“本体论含义”。他从桑戈尔对社群自治主义的诠释、文森特·穆拉哥（Vincent Mulago）② 强调的共同体相对于个体的优势，以及图姆巴的“我们思想”（Bisoité），勾勒出一条线索。共同体作为起着决定作用的单位，在此并没有排除个体的独特意义，而是被理解为一个动态化的精神整体。属于共同体的不仅仅是现在的存

① 参见莫里斯·恰马楞加·图姆巴：《语言与社会：我们思想相对于交互主体性的优先性》（*Langage et société. Primat de la Bisoité sur l'intersubjectivité*），收于《非洲哲学研究》丛书（Recherches de la philosophie africaine）第二卷，金沙萨，1985年。

② 参见文森特·穆拉哥：《非洲基督教的面孔：主要班图联盟面对教会组织》（*Un visage africaine du christianisme. L'union vitale Bantu face à l'unité ecclesiale*），巴黎，1965年。

活者，还有那些已经去世的人，他们作为祖先的幽灵在最本质的方面影响着生命，还包括那些尚未出生者，他们在未来继续承担这个生命。现在的存活者是生命之流的中途停靠站，其意义是按照以下情形而具有的：它在多大程度上接受了祖先的遗留之物并且在多大程度上能继续赋予未来的下一代。[①]

图姆巴的哲学工作属于自20世纪60年代开始的金沙萨天主教神学院中的解释学—哲学研究传统的一部分。这项工作的发起者之一是比利时传教士斯梅特（A. J. Smet），他制作了关于非洲哲学重要的文献目录并收集文本。[②] 米歇尔·布阿萨·姆巴杜（Michel Buassa Mbadu）撰写了一部关于斯梅特工作成就的深

---

① 参见约瑟夫·尼阿萨尼（Joseph Nyasani）：《非洲哲学中"我"和"我们"的本体论意义》（*The ontological significance of "I" and "We" in African philosophy*），载基姆勒（Heinz Kimmerle）主编：《我，我们和身体》（*I, We and Body*），阿姆斯特丹，1989年，第13—23页。

② 参见斯梅特（A. J. Smet）：《非洲思想参考书目：目录与补充I-IV》（*Bibliographie de la pensée africaine. Répertoire et suppléments I-IV*），金沙萨，1972—1975年。斯梅特主编：《"非洲哲学"泛谈：文本择要》（*Autour de la "Philosophie africaine". Textes choisis*），金沙萨/卢本巴希（Kinshasa/Lubumbashi），1973年。

人的专题论著。① 这种对于非洲哲学所进行的解释学方向的研究中还有一些著名的代表人物，比如艾伦古（P. E. Elungu）、姆巴宾格·比罗罗（Mubabinge Bilolo）和恩格马–宾达（P. Ngoma-Binda）等，② 他们的研究成果毫无例外地都在金沙萨天主教学院自己的出版机构中发表。

对于这些具有部分神学动机的部族哲学的批判，本书将会在下一章节的关联整体中进行处理，这种部族哲学是由保林·洪东基和其他非洲大学哲学家所构想的。在本章接下来的阐述中，语言的运用、特别是谚语以及一个特定部族群体中导致哲学出现的其他特殊之处将成为主题，后者是基于纯粹哲学的基础而发生的。在这里将选取三个例子：一个来自西部非洲，

① 参见米歇尔·布阿萨·姆巴杜：《斯梅特神父与非洲哲学》(*Père A. J. Smet et la philosophie africaine*)，金沙萨，1997 年。

② 参见艾伦古：《非洲解放和哲学问题》(*La libération africaine et le problème de la philosophie*)，金沙萨，1978 年；姆巴宾格·比罗罗：《向普拉西德·唐普尔致敬的符号学》(*La sémiologie d'un hommage au R. P. Placide Tempels*)，载《伦理与社会》(*Ethique et société*)，1980 年第 5 期；恩格马–宾达：《当代非洲哲学：历史批判分析》(*La philosophie africaine contemporaine. Analyse historico-critique*)，金沙萨，1994 年。

一个来自东部非洲，一个来自南部非洲，通过这种方法论工具，阿坎族（Akan）[①] 的哲学、吉库尤族的哲学以及一系列出自南部非洲的民族的哲学被尽可能地重新构建。这项工作由那些在非洲大学里任教的哲学家们实施。因此在这一章，我们要以某种方式预先接触到下文中还要讨论的大学哲学。包括两个主题：一是部族哲学及其批判，二是借助部族哲学对非洲各民族思考方式的重新构建。这两个主题并非均匀地分配到第二章和第三章中，涉及这些主题，这两章中会有部分内容的重叠。

德语中“谚语”（Sprichwörter）这个专门名词并不真的适用于指称非洲部族哲学的概念，实际上它们在部族哲学中是作为某些民族的哲学思想的一个重要来源而被提出的，英语或者法语的表达同样也不太适合（proverbs 以及 proverbes）。德国哲学史家和逻辑学家卡尔·普朗托（Carl Prantl）还提出了一种哲学的思考方式，就是以谚语的出现和使用为特征的，在此所涉及的是一种精简浓缩的表

① 阿坎族（Akan）是非洲东部的加纳和科特迪瓦的主要民族，人口约四千万，使用的语言主要是契维语（Twi）。——译者注

达方式，在此方式中极为普遍抽象的事态是以一种具体直观的方式被描述出来的。[①]然而在非洲的情况中要注意两个特殊性。一方面，谚语在一场口头的讨论中首先具有一种突出强调的功能。它的作用并非为言谈进行形象的解释或者润色修饰——就像在西方语言中经常发生的那样，而是标记一场论证的顶点并且具有一种强烈的说服效果。另一方面，非洲部族哲学所使用的那些谚语，自身中就已具有了一种哲学内容。在这种表达中，人们可能引用的谚语是智者名言、格言警句或者讽刺短诗。在涉及谚语的言谈中，这些总是伴随着出现。

为了表达一种作为阿坎族民族群落的思想基础的“概念图式”（das konzeptionaelle Schema），除了使用神话传说、风俗习惯、礼仪和艺术品外，还有一些智者口头传承的见解。加纳哲学家哥耶克耶（Kwame Gyekye）还特别运用了谚语。与普朗托相似，他看到了哲学的思想方式与谚语所要表达的内容之间的亲缘关系。而哥耶克耶把他追述重建谚语

---

① 卡尔·普朗托：《谚语中的哲学》（1858），载于沃尔夫冈·米德尔（Wolfgang Mieder）编：《19世纪德文谚语研究》，伯尔尼等地，1984年，第15—44页。

的工作与一些哲学内容联系在一起。当他引用了阿坎族所使用的契维语（Twi）的谚语并将之翻译成英语，后又将此英语转译成德语，在这个过程中，契维谚语所表达的原初信息和说服力就大为丧失。一个典型的例子是，阿坎族的谚语："耳中没有十字路口"（There are no crossroads in the ear），哥耶克耶把它解释为无矛盾律（principium non-contradictionis）的阿坎语版本，无矛盾律在西方哲学中是由亚里士多德引入的。[①] 在阿坎语版本中，此谚语所指的很明显是一种对话式的且以一种形象化方式表达的逻辑，在此对话参与者的身体也具有功能。听众从对其所说的内容中不会接受包含矛盾的说法，他的耳朵在某种程度上拒绝接受矛盾。[②]

宗教想象构成了阿坎族思想的基础。这些思想不仅通过神话传说、也通过众多的谚语得以表达。最高的存在昂雅姆（Onyame）创造了世界而且也负责世

① 无矛盾律是传统逻辑的基本规律之一，用亚里士多德的表述就是："你不能声称某事物在同一方面既是又不是。"——译者注

② 哥耶克耶：《非洲传统思想论文。阿坎族的概念体系》，剑桥，1987 年，第 15—24 页。

界的存续。人类的行为也对被造物的持续存在产生了一种影响，哥耶克耶就谈到了一种“双重化的因果性”。数量众多的神灵（deities）分散于人们的行为中；她们保证丰收、保护人们免于灾害，或者特别地掌管某一地区、城市和村庄。祖先的灵魂必须受到尊敬，并且从他们那里影响着世界的命运和当下活着的人。灵魂也可以居住在动物、植物、山野、河流之中，他们理应受到关注和尊敬。灵魂和神灵是不可见的世界的一部分，这一不可见的世界在同一地点与可见的世界相互依存。昂雅姆自身居住在远离人群的天上，但是能够直接干预人们的生活。有一句谚语说道：“万物都依存于昂雅姆”；另一句则说：“人们不必教会孩子什么是善”，因为孩子作为昂雅姆的小婴儿，当他仰卧望天的时候，就已经同时获得了这些知识。

哥耶克耶这本著作核心的部分是关于人（Person）的学说。属于人之存在的有三个方面：灵（Okra）、心（sunsum）以及身（honam），在某种意义上这三个方面可以对应地被理解成心性（Seele）、精神（Geist）和躯体（Körper），当然也有非常深刻的差异。灵（Okra）是人最内在的本质，它只能是善的。

非洲通灵舞蹈

人们可以说，这是人之中的神性成分。心（sunsum）表示的是最内在的善的核心和外部世界之间的中间层次，从中也会有对人的行为之恶的影响产生出来。在心中表现出来的是一个人的生命力。至关重要的是，行为是通过贯彻一种善的冲动而被规定的。自身的躯体（身 /honam）也属于其中的那个外部世界，同样也应当尽可能地由善的行为来规定。在阿坎族思想以及在一般的非洲思想中，在所谓人之存在的三个方面上，“精神—躯体”或者“非物质—物质”之间的差别或对立是无关紧要的。有一句谚语概括了那种对行为之善的规定的追求：“每个人都是神的孩子，没有人是尘世的孩子”。在生命的进程中重要的是，善的行为冲动总是越来越强。通过教育和个性培养，善的行为总是越来越成为习惯。这个过程通过以下观点得到了加强：善的行为同时具有一种美学性质。善和美是密不可分的。如此看来，教育和个性培养就具有如下目标：将自身生活塑造成一件艺术品。[①]

---

① 哥耶克耶：《非洲传统思想论文。阿坎族的概念体系》，剑桥，1987 年版，第 68—103、147—153 页。伦理行为的美学意义在克里斯蒂安 · 亚伯拉罕 · 阿卡（C. A. Ackah）的《阿坎族伦理学》[阿克拉（Accra），1988 年，第 25—30 页] 一书中也有强调。

然而我们不能在脱离共同体的情况下去思考人，尤其不能脱离非洲哲学的背景去思考。在此意义上，哥耶克耶拒绝将非洲的社群自治主义解释成社会主义的一种形式。他发现，人依赖于共同体的存在状态在这条谚语中表达出来——“当一个人从天上来到地上，他 / 她就抵达了一个共同体”。哥耶克耶也在他晚年的论著中研究了人和共同体的关系。他细致地剖析了社群主义（Kommunitarismus）的哲学方向，被加拿大的查理斯·泰勒（Charles Taylor）、美国的麦金泰尔（Alasdair MacIntyre）和其他西方哲学家视为反对极端化个体主义之转向的代表人物。但另一方面，由于他同时也批评了与祖先之间的强烈的维系关系，认为这种关系阻碍了非洲新发展的开放性，因此他最终为之辩护的乃是一种“适度的社群主义”。[①] 与共同体的维系关系首先意味着一个人从属于大家庭意义上的家庭。共同体结构继续扩张形成的更大的圈子，就是村庄或者城市、民族、非洲大陆、人类整体的共同体，还有最终自然的共同体和整个宇宙的共同体。

① 哥耶克耶：《传统和现代性：对于非洲经验的哲学反思》，纽约 / 牛津，1997 年，第 2 章。

哥耶克耶对于已多次提及的非洲共同体意义的解释也具有一个政治维度。他指出，政治体系整体中民主的基本态度完全是与一种领导性人格联系在一起的，比如阿善堤（Ashandi）[①]的国王。一方面，国王的权力位置具有高度的象征意义；另一方面，单个村落的首领和整个民族的舆论也具有一种并非微不足道的影响。存在着数量众多的规则和程序，其目的乃是让民族的福祉和意志来最终确定国王和首领们的政策。这一点在民族共同体看起来也是如此，为了证明这一点，哥耶克耶在他的论著《非洲文化价值》一书中采用了一系列谚语，比如“首领是贯穿整个民族的首领”或者“智慧并非存在于单个头脑中”。[②]

肯尼亚内罗毕大学的杰拉德·万尤海（Gerald J. Wanjohi）尝试完全以谚语为基础对一个部族群体的哲学进行重建。从现有收集到吉库尤族的谚语出发，他得出了这个民族的奇胡图世界观（Kihooto world-

① 阿善堤（Ashandi）是非洲西部的地名，位于现加纳共和国中南部。18 世纪至 20 世纪中期阿坎族曾在该地区建立阿善堤王国。该地区现为加纳的一个省。——译者注

② 哥耶克耶：《非洲文化价值》，费城 / 阿克拉，1996 年，第 108—121 页。

view），也就是这个民族奠基于理性的世界观。这些谚语按照它们对于确定了的哲学学科的内容被排列：形而上学、认识论、伦理学（特别是社会伦理学）、宗教哲学、政治和社会哲学。与非洲西部的阿坎族不同的是，东部非洲的吉库尤族的思想首先存在于宗教哲学之中，也存在于政治和社会哲学中。在吉库尤族宗教的想象世界中，灵魂扮演了一个决定性的角色，包括祖先和尚未出生者的灵魂，以及自然对象中的灵魂。然而不会说到诸神（deities）。处于众人和灵魂的世界之上的只有神，最高的存在。“到头来一切都是神之物”。在吉库尤社会中那种严格平等的关系在肯雅塔的著作中就已有所表达。领袖的角色被强调理解为是对共同体的服务者。“一个人拒绝服从，就不能发号施令”。另外，共同体相对于个体的意义得到了进一步的强调。“园丁不会独自吃完他的收获物”。此外，对于土地的耕作通常是按照一种旋转的模式开展的。在这方面，这些吉库尤的谚语与上文提到过的非洲的“我们哲学”具有亲缘性。[①]

---

① 参见杰拉德·万尤海：《吉库尤谚语中的哲学和智慧。奇胡图世界观》，内罗毕，1997 年，第 142—190、205—217 页。

万尤海为这些带有哲学内容的谚语提供了具有三个层次的解释模式。他区分了字面的意义层次、隐喻的意义层次以及多重象征的意义层次。在他的书中经常援引的例子就是这个谚语："街边的树总是会有疤痕"。这在字面上是成立的，因为这样一棵树很容易被骑行经过的自行车刮伤。在隐喻的意义上所指的乃是处于突出位置上的人，这样的人要应付其他很多人的需求，因此就常常会形成矛盾冲突，令他无法全身而退。在多重象征的意义层次上，这里所涉及的乃是所有人的命运，在多种多样的相互交往中不可避免地会被伤害，并且在任何时候也都可能伤害他人。①

1999 年在哈拉雷（Harare）②，莫高贝·拉莫斯（Mogobe B. Ramose）出版了他的一本书。在本书中，他从包括祖鲁语（Zulu）、斯威士语（Swazi）、廓萨语（Xhosa）在内的多种南非语言中的同一个基本概念出发、从一些重要的谚语出发，开启了南非哲学一

---

① 参见杰拉德·万尤海：《吉库尤谚语中的哲学和智慧。奇胡图世界观》，内罗毕，1997 年，第 71—72 页。

② 哈拉雷（Harare）是非洲南部的国家津巴布韦的首都。——译者注

个新的视角。拉莫斯任教于比勒陀利亚（Pretoria）[①]的南非大学，相比较于大多数非洲国家获得独立的时间，南非的种族隔离政策结束的较晚，因此类似研究的发表时间上也有所滞后。拉莫斯指出，如果人们可以将乌班图（ubuntu）这个词称为一个概念并且极为贴切地在海德格尔“基本词”的意义上去谈它，那么这个概念就刻画了南非思想的特点，并且表达了非洲思想的主要特征。这个词的后一部分“-ntu”所涉及的内容，通过他对于唐普尔（Tempels）和卡伽梅（Kagame）的著作的研究，“-ntu”这个词尾被进一步引向班图民族的思想和语言之中，并且引入一个意义深远的新的关联整体之中。这个词的前一部分“ubu-”所代表的是宇宙的过程化整体，代表多种力的一场动态游戏（Spiel），这场游戏在现世的自然中得以推进，但是在其结构中保持了无法展开的状态。“-ntu”意指人的生命力量，这种生命力量内在于并通过人的思想和言说承担了这种展开，就像我们从唐普尔和卡伽梅的工作中所知晓的，思想和言说通过类别的前缀才能将不同的“生存者”划分到世界中力的游戏中那些

① 比勒陀利亚（Pretoria）是南非的行政首都。——译者注

确定的领域内。

但是人的思想和言说预设了共同体为前提。个体的人在脱离共同体的情况下是不可想象的。“Umuntu ngumuntu ngabantu”这句谚语出现在上述语言中、而且相应的表达在南非其他语言中也有出现，这句话常常可以转译如下：“因为我们存在，所以我存在”（Ich bin，weil wir sind）。这个表达句式可被理解为笛卡尔“我思故我在”（或者也可以写成：因为我思考，所以我存在）的非洲对立面。但是，在祖鲁族和南部非洲其他民族的语言中这个句子表达的不仅仅是个体依赖于共同体，而是也有某种程度上谨慎解释的面对共同体的责任。在此谚语中表达的最重要的思想乃是如下的要求：保持自我和我们之间的平衡，并且使之对应于世界中和宇宙中各种力之间的平衡。在政治思想的领域中这一点意味着，领袖要将其自身及其功能归功于共同体。“作为一个国王，意味着通过全民族的赞同而接受某一立场”。①

作为哲学思想的重要来源，一个民族的文学也

① 莫高贝 · 拉莫斯：《通过乌班图的非洲哲学》，哈拉雷，1999 年，第 49—53、138—145 页。

必须受到关注，口述文学就首先处于口头流传的形式之中。在这个问题上，来自尼日利亚拉各斯大学（Universität Lagos）的索菲·奥鲁沃（Sophie B. Oluwole）作出了开创性的贡献。在她的文章《文化，国家主义和哲学》中，她解释了几个约鲁巴语（Yoruba）的谚语、箴言和诗歌。她认为语言的形式具有特别的价值，这种形式是翻译转换中、而不是在原初的陈述力量中被表现出来的。因此接下来的例子的独特性就在于重复和出乎意料的转折。其中合作被看作是必要的，妇女对于决策和公共事务中合作的贡献也是必不可少的：

独自伐木，独自伐木，
斧子不能独自伐木，
独自劈柴，独自劈柴，
柴刀不能独自劈柴，
没有艾雷鲁（Erelu）（“女性成员”），
奥苏格博（Osugbo）（一个“关键的统治机关”）就不能无法运作。

奥鲁沃用一句约鲁巴谚语总结了她的解释：“鸟

儿用一个翅膀飞不起来”。[①] 在她的著作《哲学与口述传统》中，作者从伊费文献（Ifa-Korpus）[②] 中引用了一系列的例子，这一文献介绍的是口头流传的规模巨大的约鲁巴语诗歌，在伊费王国期间以多卷本的形式刊行。以下例子涉及的是普遍的告知，这些告知往往被写成是对于寻求建议者的问题的回答：

> 孩子不能去壁炉边，
> 成人不能摘小南瓜，
> 当孩子向成人求助时，
> 他/她不应加以拒绝：
> 我们所有人生活，是为了我们相互间补益。

当约鲁巴的祭司面对提问者无法提供帮助而

---

① 索菲·奥鲁沃：《文化，国家主义和哲学》，载于海因兹·基姆勒和弗朗茨·马丁·维默(Franz Martin Wimmer）主编：《跨文化视角下的哲学和民主》，阿姆斯特丹/亚特兰大，1997年，第23—42、38—39页。

② 伊费文献指的是约鲁巴人11世纪建立的伊费（Ife）王国（今尼日利亚西南部）流传的相关文献。——译者注

非洲艺术品

将之引到奥罗杜马（Olodumare）（“最高的神”）的面前时，这就是关于奥鲁米拉（Orunmila）（一个约鲁巴的神灵）神谕般的告知。当最高的神奥罗杜马倾听了祭司并意识到，祭司对此有所怨言，他就掌握了形式并宣布了如下法则：“如果一个人仅仅听到一方面，他就不应作出判断。”很明显这是拉丁谚语：“Audiatur et altera pars”（兼听则明）的约鲁巴版本。[①]

与口述文学同时，艺术作品也被从非洲民族的历史中提取出来，这些艺术作品按照欧洲—西方的划分

---

① 奥鲁沃：《哲学和口述传统》，拉各斯，1999 年，第 89—90 页。

方式被归入绘画艺术、建筑和音乐。那些数量极为巨大的木雕、陶土塑像、青铜、紫铜和黄铜雕塑等产品，今天不仅在非洲、而且也在无数西方世界的博物馆和画廊中被找到，但其中的哲学内涵还很少被研究。经常出现的先人塑像诉说的是某些关于祖先灵魂在当下世界中存在的内容。而那些带有人形的、却表情呆板或僵硬的面具刻画的是当下活着的人可见世界与逝者不可见世界之间的界限，并用价值连城的材料制成的物品宣告了拥有者的权力和财富。[①]

在建造房屋、设计村庄和城市时，在建造宗教建筑——比如西部非洲伊斯兰地区的清真寺，以及津巴布韦的大型防御工事[②]时，人们与他们周边人的相互

---

① 参见弗朗克·韦雷特（Frank Willet）:《非洲艺术。一个导论》第二版，伦敦/纽约，1993年；汉斯·屈卜勒（Hans Kuebler)、弗里茨·法尔克（Fritz Falk）编:《伊费，阿坎和贝宁：2000年间的西非艺术》(*Ife, Akan und Benin. Westafrikanische Kunst aus 2000 Jahren*)，普福茨海姆（Pforzheim），2000年。

② 这里指的是“大津巴布韦”古代巨石建筑群，该建筑群位于今天的津巴布韦、莫桑比克南部、博茨瓦纳东部和南非北部，大约建于公元4—5世纪，当时该地区建立过一些班图人王国，一直延续到16世纪初。“津巴布韦”（Zimbabwe）一词原意就是石头城、石头建筑。——译者注

大津巴布韦：撒哈拉以南非洲的千年古城遗址

关联更加清楚地表现出来。一个令人印象特别深刻的例子是在科托科(Kotoko)[①] 地区的村庄，这些村庄的整体布局呈现了一个“拟人的图景”：“一个人仰面躺着，头朝东，手臂弯曲着放在身上，两腿叉开”，一条腿朝北，一条腿朝南。[②]

2002 年在德国卡塞尔举行的第 11 届文献展(Dokumenta)[③] 上，在来自移民社区和非洲大陆的非洲艺术家们，就像来自世界上所有地方的艺术所呈现的方式一样，以极具地方代表性的方式展现非洲艺术，其现实的、而不再是与仪式相关联的艺术形式得到了接受。这就像 1978 年在世界哲学会议上谈到非洲哲学时所发生的情形一样。这些艺术家的代表、生活于纽约的尼日利亚人奥格维・恩威佐(Okwui Enwezor)先生，之前在名为“短暂的世纪”的一个展览中，通过绘画艺术的镜像将 20 世纪下

---

① 科托科（Kotoko）地区位于加纳。——译者注

② 马苏迪・阿拉比・法萨斯（Masudi Alabi Fassassi）：《黑非洲的建筑》（*L'architecture en Afrique noire*）第二版，巴黎 / 蒙特利尔，1997 年，第 34 页。

③ 文献展是著名的现代艺术展，世界三大艺术展之一，每五年在德国卡塞尔举行，由艺术家和教师阿尔德・鲍蒂在 1955 年创立的。——译者注

半叶非洲历史中的独立和解放运动作为主题加以表现，这个展览在慕尼黑、柏林、芝加哥和纽约都举行过。①

音乐是传统非洲艺术中最高级的形式。按照尼日利亚拉各斯大学的安颜乌（A. C. Anyanwu）的论述，音乐是一个宇宙中的发生过程，它在大地上、在人类世界中延续。它将世界和生命的节奏变成声音。人类对于这个发生过程的回应就是舞蹈。在舞蹈中，人的身体伴随着宇宙音乐的节奏摇摆。"艺术植根于生命力之中，是生命的艺术，是整合（integration）、奉献（consecration）和关联（association）的艺术。个体是艺术的媒介，通过它，生命力（Life-Force）和声音（Sound）在共同体中得以显露。"②

非洲音乐以多种方式从美国的非洲移民和加勒比群岛出发、直至欧洲和西半球，变得广为人知。我想

---

① 参见葛尔蒂·费泽尔（Gerti Fietzek）编：《第 11 届文献展》平台 5：展览，奥斯特菲尔登，2002 年；奥格维·恩威佐编：《短暂的世纪：非洲的独立解放运动，1945—1994》，慕尼黑等，2001 年。

② 安颜乌：《非洲思想中艺术的观念》，载古陶姆·弗洛斯塔（Guttorm Fløistad）编：《当代艺术。一项新调查》第 5 卷《非洲哲学》，多德雷赫特（Dordrecht）等，1987 年，第 25—260 页。

到了爵士、雷鬼以及这种艺术的其他音乐风格。这些音乐风格中强烈的节奏划分和动力表明了人的生命及其特殊的节奏融于音乐之中的存在，这种音乐贯穿了宇宙和凡俗的世界。

第三章
大学哲学：在非洲的产生与发展

第一代非洲高校教师曾在原先殖民国的大学里学习。在独立前的几年里，很多非洲国家已经有了英国和法国大学中的学院（Colleges），在独立后的数十年时间里，这些学院被建设成独立完整的大学。一般来说，国家的总统也是其国家大学的名誉校长（Chancellor）。大学中实际的领导者则是各自的校长（Vicechancellor）。在南非，始于20世纪40年代的种族隔离时期中，存在着白人的大学和黑人的大学，这些大学自从种族隔离政策终结的1994年之后或多或少地进行了混合。在那里，那些大学的校长被称为负责人（Principals）。

在大多数情形下，这些大学的哲学系都是短时间内从宗教学和哲学的专业领域联合体（宗教学和哲学系）中分离出来的，在这些哲学专业领域（哲学系）中，西方哲学的讲授占据了明显的压倒性优势，在英语国家中重点就是盎格鲁-撒克逊的分析哲学，在法语区域重点就是大陆—欧洲的现象学和存在哲学。然而有趣的是，针对特殊的非洲问题，哪些哲学课题被挑选出来被看作是特别意义重大的。关于这一点，笔者研究了不同哲学专业的教学大纲和研究计划，并主动或被动地参加了大量的课程。[①] 可以看出，伦理问题很受关注。那种被归于伦理和道德问题的巨大意义在某种程度上可以通过反面证明（ex negativo）在以下情形中得以表达：哥耶克耶以及也曾在加纳大学任教的约书亚·库达杰（Joshua Kudadjie），他们面对德行的堕落、大城市中不断增长的暴力和犯罪率，寄希望于一种“道德革命”或者一种“道德革新”。这种革新应当通过重新唤醒传统价值以改变现状才有可能实现。[②]

① 参见基姆勒：《哲学在非洲——非洲哲学：一个跨文化哲学概念探微》，法兰克福，1991 年。

② 参见哥耶克耶：《传统与现代性：对于非洲经验的哲学反思》，纽约 / 牛津，1997 年，第 205—215 页；约书亚 · N. 库达杰：《加纳道德重建：理念，现实和可能性》，阿克拉，1995 年。

除了西方哲学，非洲自身的哲学传统所扮演的角色也日益重要。这一情形部分受益于部族哲学的研究结果，并且始于通过追溯祖先的智慧学说以及对于智者（Sages）哲学的专题化研究。关于后一点会在接下来的章节中更加详细地介绍。关于一种独特的非洲哲学的意识也是以矛盾的方式通过以下情形产生的，即对于如下问题的思考和讨论：根本上是否存在非洲哲学，以及在何种意义上可以对之加以论说。

在这些讨论中也始终会有否定性的观点获得支持。比如罗宾·霍尔顿（Robin Horton），一位生活在尼日利亚的英国裔文化人类学家和哲学家，他后来取得了尼日利亚国籍。一方面，他非常明确地描述了传统非洲思想和西方科学之间的关系，在其中涉及的是各自不同的理论构建范式；但是另一方面，非洲思想单方面地被他刻画为是"封闭的"且不具备革新能力的，而西方科学则是"开放的"并且恰好通过批判实现了新的发展。[①] 在后一种立场上，霍尔顿认为在非洲大学中不可能有独立的非洲哲学，因为在传统非洲

① 参见罗宾·霍尔顿：《非洲传统思想和西方科学》，载于威尔逊（B. R. Wilson）编：《理性》，牛津，1974 年，第 131—171 页。

思想中没有逻辑学和知识论的位置，而它们在任何哲学中都是核心学科。[①]

保林·洪东基以及其他一些哲学家则提出了如下命题：在对非洲哲学的当今状况进行讨论时，非洲哲学方才出现；而且，在此讨论中，他只接受将书面文本作为哲学上有意义的东西，这时他已然将这个命题极端化了。当洪东基将哲学严格地与科学及其历史关联在一起，并且意欲只在非洲作者写下的哲学文本中承认非洲哲学时，他所受到的法国马克思主义者路易·阿尔都塞(Louis Althusser）的影响就显而易见。[②]

除了来自喀麦隆的托瓦，洪东基是部族哲学最具决定性的批评者。这是关于非洲哲学现状之问题的一个部分，即拒绝把部族哲学算作哲学。尽管卡伽梅通过对于多种班图语言的比较研究试图论证某种普遍化倾向的合理性，但洪东基再度批判了这种错误的普遍化，这种普遍化表现在如下情形之中：唐普尔将对于卢巴族思想的发现当作所有班图民族甚至所有非洲民族总的哲学。如果说唐普尔所进行的研究乃是基于一

① 参见罗宾·霍尔顿：《传统思想和新兴的非洲哲学系》，载于《二阶》（Second Order）第六卷，1977 年，第 64—80 页。

② 参见洪东基：《非洲哲学》，第 21—43、54—74 页。

个对非洲人而言陌生的目标，即改善传教实践，这是一个有根据的指责。但恰好是他的哲学工作所具有的实践化取向，正符合非洲哲思活动的特征，即便是以这种看似矛盾的方式。

然而，以下这一点也是不可否认的，即唐普尔不承认非洲人具有那种将其语言和传说等等中所包含的哲学本身清晰表达出来的能力，这种清晰表达只有通过来自欧洲的接受过哲学教育的人的介入才能成功。但是在这一点上洪东基的批评也并未完全切中主题，因为他只要承认他自己也是非洲人中的一员，并且只要祖先们没有(联系到科学的立场）创造出哲学文本，他们就与哲学无关。如果一个民族内含的哲学被今天的非洲哲学家们明确地表达出来了，那么这一批判论据中的一个方面就要重新审视了。洪东基和其他人最重要的批判点在于：不可能存在一个各民族共同的哲学，因为哲学必然总是由个体的人提出的。这个批判点的有效性取决于人们所采用的哲学概念。非洲的部族哲学家们是从语言、谚语、习俗以及口述文学中搞清楚他们民族的哲学的，在任何情况下他们与洪东基及其同僚们所采用的哲学概念都风马牛不相及。而一位像亚里士多德这样的西方思想家，几乎没有人会否认他可被称作哲学家，但他大量地从他的民族语言出发、从“人们说了什么”（legetai）出发，目的是由此出发达到概念的确定性，在这个意义上他就是部族哲学家。

带有哲学内涵的谚语的例子说明，它们首先是由个体创造并在讨论中被使用，但是创造者之名在任何情形下都不会与各自的创作过程关联在一起或者保持着关联。同样的情形发生在今天我们称之为艺术的事物上，这些事物起初是为了习俗的或者其他的具体目的才被制造出来的。它完全是一种主要以口头形式的交流和流传的文化。只有当与哲学谚语相应的创造过程已经过渡成为一种普遍的语言使用时，它才是一句谚语。它是一段在民族语言中还活着的哲学。就像我们将要看到的那样，智者们（Sages）——也就是传统非洲共同体中的哲学家们，常常就是谚语的创造者，因为他们用一种普遍的、在某个范围内又令人费解的（隐晦的）表达方式对要给出的建议进行包装，然后这种建议就被保留在普遍的语言使用之中。如果一位今天的哲学家对此文本进行解释，在某种程度上他会对之进行解密，曾经某个时候被置入的哲学内涵被重新拣选出来，那么他就会转而进入一种不同的、更多地与个人关联在一起的、主要以书写形式进行的哲学讨论。

姆比提从他的民族语言中得出的这个命题，即认为在非洲思想中遥远的未来是无法被理解的。这个观点不仅遭到了洪东基、托瓦的反对，而且奥德拉·奥卢卡和哥耶克耶以及其他人也对此进行了反驳。哥耶克耶就是以部族哲学的方式进行研究的；奥卢卡也指出他的民族语言，就是肯尼亚西部的卢奥族（Luo）语言，不仅熟知过去、现在和未来三个时间向度的形式，而且还有第四个形式。在这一点上，卢奥语并不比西方语言贫乏，而是更加丰富。这第四个时间向度被称作“持恩”(chieng)，指的是某种在一切时代都有效的东西。更进一步，奥卢卡向与他交谈的智者们提出了这样的问题：他们是如何思考时间的，却没有在任何人那里找到关于未来维度的错误。[①] 哥耶克耶指出，在契维语（Twi）中有关于未来和已完成的未来的语言形式，他还引用了一些阿坎族的谚语，这些谚语让人们认识到与遥远未来之间的

---

① 亨利·奥德拉·奥卢卡：《智者哲学：本土思想家以及关于非洲哲学的现代阐释》，莱顿（Leiden）等地，1990 年，第 107—148 页。

思想关联，比如："万物都会在彼岸（灵魂的）世界终结"或者"因为有未来，才有希望"。[①] 姆比提得出那个有疑问的观点是基于一个过于薄弱的经验基础，因为他发现以下想法有助于传教的实践：即用基督教及其指向末世的未来视野填补非洲时间思想中的决定性空白。除此之外，还可以从他的命题中反映出来的，就像上文所提到的，是过去这个时间维度对于非洲思想的极端重要性。

关于部族哲学的争论以及对哲学在非洲历史中是否存在的怀疑，首先是在20世纪60年代和70年代发生。自从翰帕特·巴（Hampaté Ba）（1980）和奥德拉·奥卢卡（1990）将智者哲学作为主题加以研究以来，智者们就普遍地被认为是传统非洲的哲学家。并且也已清楚，在传统非洲民族的生活中是有哲学的。这一话题将在下一章详细论述。在大学哲学的开始阶段，哲学工作的一个重点就是来自加纳的夸西·维雷杜（Kwasi Wiredu）和奥德拉·奥卢卡之间关于真理概念的争论。维雷杜提出了一个具有挑战性

① 哥耶克耶：《关于非洲哲学思想的一篇论文》，第169—177页。

的命题:“真理就是意见”以及“真理是与立场联系在一起的”。他想将真理概念固定在日常经验之中。在这里他援引了美国实用主义者约翰·杜威(John Dewey)的观点。意见(opinion)完全是一个不幸被选择的概念,因为伴随着它的是一个关于任意的、没有完整论证之物的表象。在此,真理与具体立场的相关性也已由尼采及其他哲学家着重提出,并且进一步被论证为“视角主义”。在与奥卢卡争论的过程中,维雷杜表达了如下见解:与主体相关的“意见”概念和“立场相关性”所刻画的是真理产生的背景。曾经被认为是真的东西,必须以理性的和普遍有效的方式被论证。[①]这是一个很困难的贯通。奥卢卡在他的批判中不容许有任何的模糊性。在他看来,真理是客观的,并且在任何时候都是普遍有效的。在此,对真理的主观化认识是不完满的,并且始终只能接近客观的真理。因此这种主观化认识可以在不同的哲学传统中被具体化。非洲的智慧哲学传统可以在

① 夸西·维雷杜:《哲学与非洲文化》,剑桥,1980年,第8、9、11和12章。这些章节是以以前在其他地方发表过的文章为基础的,其中第一篇1973年发表于加纳大学的《大学:跨学科期刊》(*Universitas. An Inter-Faculty Journal*)。

这个领域中作出它的贡献。[1]

来自加纳海岸角大学（Universität Cape Coast）的德佐波（N. K. Dzobo）后来对于非洲真理概念的研究指明，相较于奥卢卡的观点，维雷杜的观点在某些方式下更能植根于非洲思想之中。德佐波在他的研究中赋予一句埃维族（Ewe）的谚语一个中心意义——埃维族的大部分居住在今天的加纳，部分居住在多哥和贝宁——“真理使事物成为善的”。意思是，真理具有一种伦理内涵。它在以下方式中与人的立场相关：真理必须要顺从人。这就会有一个善的效果。真理的概念由此就被引入非洲关于力的思想之中。另外一句埃维族的谚语更能说明这一事实：“真理是一个女人”。这不是在尼采的意义上说的，尽管他也玩笑式地提出了这一设想：真理是一个女人。在尼采看来，这意味着真理会被追求，它隐藏在面纱之后，由此它也更具有被追求的价值，它的作用来自于远处并且无所固着。埃维族的谚语所涉及的则是关于女人这一存在者完全不同的方面，涉及的是女人和母亲在家

---

① 奥德拉·奥卢卡：《真理和信念》，载于《大学：跨学科期刊》，1975 年；以及《为了真理的缘故》，载于《探索。国际非洲哲学期刊》III，1989 年第 1 期。

庭中善的角色，这一角色在其中是真的或者真实的，她为所有人操劳并且帮助所有人，却不带有任何私下的意图。真理在人类共同体中发生效用的方式就应该像女人的行为那样被具体地加以描述。[①]

非洲大学哲学中另一个重要的主题就是灵魂在非洲人生命和思想中显著的意义。索菲·奥鲁沃细致地研究了这个主题。她把对这个主题的处理看作学院课程中决定性的部分，以便搞清楚非洲哲学中非洲的要素。她研究了关于巫术和转世的问题，这二者与灵魂在可见世界中的作用密切相关。对于某些人而言，比如巫师（Witches）、治病的男女术士（healers）或者传统的祭司，他们的神秘力量是由祖先（ancestors）的灵魂所赋予的，这些灵魂也会在确定的仪轨中通过蒙着面具的人的中介作用直接向当下活着的平常人说话。灵魂在这个世界中以不可见的方式存在着，在这同一个世界里还有当下活着的人们，他们以可见的方式进行他们的活动。尽管灵魂支配着足以影响这个

---

① 德佐波：《知识与真理：埃维族和阿坎族的概念》以及《非洲的符号和谚语作为知识和真理的起源》，载于维雷杜、哥耶克耶编：《人和共同体。加纳哲学研究》第一卷，华盛顿，1992年，第73—84、85—98页。

世界进程的更为强大的力量，但是他们却希望，再度以肉身化的方式存在于这个可见世界的生命之中。可见的世界是一个更加温暖的世界，在其中完整的生命得以展开。那些灵魂能够并且希望通过婴儿之身返回到这个世界里。除了其他动机之外，这是非洲夫妇、特别是妇女们要尽可能多地生孩子的重要动机，目的是让尽可能多的灵魂有可能以婴儿的方式获得转世。

按照奥鲁沃的看法，对于某些人具有特殊灵魂力量的假设，以及关于死者在新生儿中转世的信仰，要在哲学上加以论证。她非常认真地接受了康德关于知识的限制：关于死者的现实性维度不可能有任何科学上可证明的知识。因此，如果我们无法知道，灵魂是否存在以及它们是否能够介入人的生活，那么以下两种针锋相对的可能观点就都是可以想见的：其一认为对灵魂存在的设想是适当的——在非洲每个人都认可这一点；而另一种可能则认为这种设想是不适当的——在西方世界大部分人都同意这一看法。自康德以来认识论的发展、特别是现代自然科学的发展，科学和认识论在某些关联整体中处理了不可见的且并非每一刻都可精确确定力量，按照奥鲁沃的看法，科学的发展更多支持了非洲的观点，而不是欧洲的—西方的观点。图姆巴在他的“我们哲学”中已强调的内容，对于奥鲁沃也很重要：关于灵魂的设想为非洲思想打下了极为重要的烙印，非洲思想没有颂扬绝对的真理要求，而是将自身限定在对于具体事态和关联整体的判断之中。①

在 1989 年柏林墙倒塌以及部分社会主义国家发生剧变之后，大量东欧国家卷入民主化的浪潮，关于这一运动人们事后可以思考，它究竟有多深刻、多持久。这股浪潮也席卷到了非洲，很多非洲国家对于那些民主化的东欧国家都很同情。在当时的扎伊尔、科特迪瓦、尼日利亚和其他国家都召开了全国人民代表大会，制定民主宪法。在这些集会中也常常有哲学家在发挥作用，他们在这个过程中发展出了一种非洲的民主构想。

厄尔内斯特·瓦姆巴·迪亚·瓦姆巴（Ernest Wamba dia Wamba）代表了一种明确的极端立场，他出生于扎伊尔，在坦桑尼亚的达累斯萨拉姆大学

---

① 奥鲁沃：《巫术，转世和神性。非洲哲学论文集》，拉各斯，1992 年，第 19—20、51—54 页。

（Universität Dar es Salaam）讲授历史哲学。他参与了那场围绕着非洲社会主义的讨论，要求一种可以算作非洲政治思想传统之一的民主化，即不仅是“精英”要参与政治决策，而且人民大众要以传统商谈的方式共同规定政治进程。政治不能像在西方多次发生的那样，被还原成一个“数量的问题”，却没有让民众整体在内容上共同作出决断。政治党派作为民众

坦桑尼亚达累斯萨拉姆大学

的一个机构化的代表，这也并不符合真正的民主原则。在这个意义上，他参与了扎伊尔的主权国家议会(Conférence Nationale Souveraine)。[①] 按照他的看法，哲学史是“普遍非民主的”（因为它更多的是基于哲学王的方面，而非基于众人中的一位哲学家的方面）。因此，受到一种传统非洲民主原则的激发，他认为人们也会要求一种哲学的民主化过程。[②]

来自科特迪瓦阿比让大学（Universität Abidjan）的雅科巴·科纳特（Yacouba Konaté），将他的国家和其他非洲国家的国家议会（Conférence Nationale）的进程解释为非洲人学习讲话的过程，此前非洲人由于殖民的历史在政治上被禁言了。由于国家应当被民主化，因此他们现在发现了针对他们政治形势的词汇以及通往未来的道路，而且他们拥护非洲特有的共识原则，这个共识是通过细致的相互言谈达到的，并且

---

① 厄尔内斯特·瓦姆巴·迪亚·瓦姆巴：《超越非洲精英民主政治》，载于《探索。国际非洲哲学期刊》VI，1992年第1期，第28—42页。

② 厄尔内斯特·瓦姆巴·迪亚·瓦姆巴：《民主在非洲和适合非洲的民主》，载于基姆勒、维默编：《哲学与民主》，第129—131页。

可以有效地调和差异。[①]

来自哈科特港大学（Universität Port Harcourt）的尼日利亚女哲学家玛丽·保林·埃波（Marie Pauline Eboh）认为，西方风格的民主并不是对于非洲问题的回答，这一点对于来自其他非洲国家的她的哲学同事们也很清楚。一种基于多数人决断并且由政党代表人民的民主模式，并不能借鉴适用于非洲的情形。[②]这无疑是对的。同时还可得出的是，针对今天的非洲国家，一个令人信服的非洲民主模式还没有被找到。与桑戈尔和恩克鲁玛的非洲社会主义一样，对于瓦姆巴·迪亚·瓦姆巴、科纳特或者埃波等哲学家而言，关于非洲民主思想的政治实践尚未成功。

最后要指出的是非洲大学中那种以实践为指向、主要对伦理学问题感兴趣的哲学工作。奥卢卡关于“基于家庭原则的全球伦理学”（Parental Earth Ehtics）的研究计划令人印象深刻，他批评了一项关于发展援

① 雅科巴·科纳特：《语言与民主。国家议会：争论中的共识》，载于基姆勒、维默编：《哲学与民主》，第141—158页。

② 玛丽·保林·埃波：《西方民主是对于非洲问题的解答吗?》，载于基姆勒、维默编：《哲学与民主》，第163—173页。

助的计划，这一计划在根本上可以被理解为乐善好施，按照这一计划，那些来自工业和经济发达世界的国家出于同情和人道主义，用金钱支持那些在这一方面不发达的国家。但这个计划在两个层面上是有问题的，一方面，它隐瞒了出资国的获益企图，这些企图指向的是开采非洲国家的资源以及拓展出资国自身的销售市场；而另一方面它忽略了一个必须应被考虑到的因素，从欧洲国家的殖民历史以及很大程度上受到欧洲经济活动推动的奴隶交易的历史中，这些国家应当承担至少部分补偿这一历史进程的责任和义务。共同承担责任，而非同情，才是发展援助根本上的适当的出发点。此外，大规模的发展援助取决于这些国家基于帝国立场的兴趣，而历史经验告诉我们，帝国延续的时间并不久，而力量的对比变化总是在不断延续。

如果将来这会成为西方世界的命运，那么今天接受援助的非洲国家可能会带着善意去回忆它们。在非洲所形成的家庭原则是，彼此间的帮助是理所当然的，没有人会被独自遗弃在困境之中。在奥卢卡看来，这一原则应当作为与生俱来的观念被扩展到全世界。他对此最具体的表达就是父母对于他们孩子的帮助和操心。当奥卢卡提醒我们注意相互间的责任时——这种责任也延伸到世界其他地区的人，这就令人想起尼采的要求，他要求耶稣基督所说的邻人之爱应以一种“遥远的爱”的方式被扩展。在国际层面上，“最低生活水平权利”应当被纳入每个人都应享有的一系列基本权利之中。当“富裕”国家过度的军费开支或生活方式中过度追求奢靡的情形被迅速有效地扭转时，这种权利就能够得以实现。通过这种要求，非洲哲学对世界范围内国际化的哲学和政治讨论产生了直接的影响。在所有国家，人们在伦理上应当具有如下程度的敏感度：即他们的责任意识以此种方式延伸到全世界。与土地中的自然资源谨慎地打交道以及小心翼翼地对待周边环境也属于这种责任意识，由此才能够使每个人都拥有的最低生活要求的条件得到保持。①

① 参见奥德拉·奥卢卡：《外来援助的哲学》（*Philosophy of Foreign Aid*）（1989）和《生态哲学与基于家庭原则的全球伦理学》（*Ecophilosophy and the Parental Earth Ethics*）（1994），载于格尼斯、克雷瑟（A.Graness/K. Kresse）编：《睿智的思考。纪念亨利·奥德拉·奥卢卡》，法兰克福，1997 年，第 47—59、119—131 页。

第四章
智者：传统非洲的哲学家

智者（Sages）曾经存在于所有传统的非洲共同体中，其中有一部分至今还存在，而他们在这些共同体中的功能或任务被理解为相当于哲学家的功能或任务。智者一词在传统非洲的含义和认识，是由奥德拉·奥卢卡提出的并且引起了那些研究非洲的哲学家们的关注。因为传统非洲共同体所熟知和使用的首先是口头的交流和流传形式，因此奥卢卡提出智者的哲学就具有一种极为广泛的重大意义。它说明了在这些共同体中存在哲学以及如何存在的问题。这一点是在世界范围的哲学背景下被考虑的。从一开始就应强调的是，智者并不是一个固定于某个限定的圈子，这种在哲学上意义重大的智者的话语在不同人或者人群中都可以被找到。比如说，图姆巴提到过“某些爵士乐手圈子的秘传传统”，他们的学说以片断的方式也在民众中广为人知。[①] 而马里瑟·孔德（Maryse Condé）在他的小说《塞古》（*Ségou*）中描写了一个家庭的命运，当这个家庭的领头人陷于一个非常困难的决断情形中时，他向一位铁匠寻求建议。这个能够弯曲和加工钢铁的人从祖先的灵魂那里获得了某些魔力和特殊的智慧。[②]

亨利·奥德拉·奥卢卡自己就是一位卢奥族智者奥卢卡·让金雅（Oruka Rang’inya）二十一个儿子中的一个。当他在瑞典和美国学习了哲学之后，他意识到：在父亲的行动中以及父亲将知识贮存运用到实践化建议中的样式和方式中，所涉及的与他作为哲学所学习的内容是同一个东西。作为内罗毕（Nairobi）大学教授的他发展出了一个研究项目：将在肯尼亚各民族中出现的智者们的学说进行分类编

① 参见图姆巴：《非洲智慧。我们相对于我—你的辩证式优先》，载于奥尔穆勒（W. Oelmüller）编：《哲学与智慧》，帕特伯恩（Paderborn）等，1988 年，第 24—38 页。

② 参见马里瑟·孔德：《塞古》第一卷“城墙下的土地”，巴黎，1984 年。

目。在此，他区分了民间智者（folk sages）和哲学智者（philosophical sages）。他只将那种像他在西方大学里所学到的哲学那样的、其观点合乎分析式哲思的严格标准的智者算作后一类，他们的话可以被称之为哲学。这种我们看起来有点过分的、严格的差别，奥卢卡认为是必须坚持的，以便明确地保持这种智慧学说的哲学特性。在他的著作《智者哲学》（*Sage Philosophy*）中，他复述了卢奥族和肯尼亚其他民族中七位民间智者和五位哲学智者的学说。后来他还尽力对单个智者的学说进行了更为全面和深刻的表述。[①]

关于肯尼亚的男性智者和女性智者对于非洲时间思想的表述在上文中已经谈到过了。[②] 另外，智者关于宗教问题、特别是关于神的概念的见解，还有关于教育和性别的角色分配问题、人相对于动物的优越性、自由和幸福之间的鸿沟、法律和惩罚、一个民族中不同人种和文化之间的关系以及生与死的关系等问题上的见解，都可以被分类编目。除了奥

① 参见奥卢卡：《奥金伽·奥丁迦。他的哲学和信仰》（*Oginga Odinga. His Philosophy and Beliefs*），内罗毕，1992 年。

② 参见本书第二章。——译者注

德拉·奥卢卡的父亲，保罗·姆布雅·阿可可（Paul Mbuya Akoko）作为卢奥族重要的智者也被加以研究。还有更多意义特别重大的表述可以在卢伊亚族（Luhyia）的奥肯巴·西米尤·查恩哥（Okemba Simiyu Chaungo）和美卢族（Meru）的斯蒂芬·奇坦耶（Stephan M. Kithanje）那里找到，以及从被奥卢卡归为民族智者的约瑟夫·穆提（Joseph Muthee）和佩里斯·修海·穆托尼（Peris Hjuhi Muthoni）那里找到，这二人都是吉库尤人。

其中的几个命题在这里应当更为详尽地加以刻画：

一般而言，智者们尝试着让人们看到传统宗教观点中那些外显的或者还有隐藏的理性，并且在自身不断现代化的社会中，面对基督教的“入侵”，指明了这种宗教理性的合法性。

关于教育的问题具有极大的优先性，因为通过学校教育会有某种全新的东西进入传统的社会组织之中，并且通过确定的仪式保持一种逐步融入民族共同体中的可能性必须被解释为教育中惯常的核心进程。

在生活的现代化进程中，男性和女性相互之间的关系也经受了飞速且深刻的变化。现在新女性的角色与男性的角色更加趋同，从一定意义上改善了传统社会女性的地位。

法律和惩罚要符合确定性更高的规则。从殖民主义中被解放出来之后，自由不应被理解为完全的无束缚状态。其与共同体中义务的关系还需要阐释。

对于死亡的观点指明了非洲共同体的精神特征。死者并没有死。他们的灵魂以不可见的方式与当下的生者一道存在于同一个世界之中。他们在风中，风自身也是不可见的，但是他们的作用无疑是可以被认识到的。如果不存在死亡，那么大地上生命过程就会发生一种阻滞。死亡究竟应当被看作一种好的东西还是坏的东西，这一点并不确定。作为生和死这一循环圈的组成部分，死亡的必然性必须要被认清。较早的死亡和突然死亡则被视为某种坏的东西。[①]

然而在传统生活的实践中，智者们并没有将他们从前人那里继承的以及独立构建的知识用在这样一场讨论中，去回答那些经过学院化训练的提问者提出的问题。如前所述，他们给予政治决断承担者以及私人

① 参见奥卢卡:《肯尼亚智者的思想》(科研成果)，内罗毕大学哲学系:《智者哲学》，第 83—148 页。

一些建议，所涉及的是关于他们需要克服但自身却不能独自担当之事的意义问题。在这里他们运用了流传下来的和独立构造的知识储备，但是采用的是一种针对提问者的样式和方式。他们的回答或者建议常常采用谚语的形式。这就是说，他们使用现存的谚语或者继续创造出能够成为并且一般而言也会成为谚语的一些表达。提问者自己必须要解读这些精简的表达。它们具有一种相对较高的普遍性程度，而针对自身生活的具体化则是提问者的事了。在此，它们等同于古希腊德尔菲神谕的箴言。

翰帕特·巴（Hampaté Bâ）介绍了提尔诺·博卡（Tierno Bokar）的生平和学说，提尔诺·博卡是邦贾加拉（Bandiagara）[①]的一位智者，他主要活动于19世纪90年代和20世纪第一个10年。他的例子说明了，一位智者口口相传的学说被传给他的门徒，被限定在他的圈子之内，只是出于偶然的、在学说的实践和流传之外的动机才被写了下来，并且就这样保留到了后世。提尔诺·博卡不仅仅属于传统非洲智慧导师的口述传

① 邦贾加拉（Bandiagara）是马里境内的一个村镇。——译者注

统，而且他作为伊斯兰学者也用阿拉伯语言谈和书写，并且领导了一个古兰经学校，他必须在由伊斯兰神学家和达官贵人组成的法庭上为自己辩解，因为他修改了“完美的珍珠”的祷告文，即在十一个祷告中去掉了一个。在他的古兰经学校里，他也会与学生一起进行这一祷告。出于法庭审理的要求，翰帕特·巴被要求写下他以前的这位老师的生平和学说作为提供给审判官的信息。这个文件后来作为著作被发表出来。

翰帕特·巴描述了提尔诺·博卡是如何逐渐习惯一位智者的角色的。他指出，在此过程中马里的邦贾加拉全城都在向他寻求建议。“他已成为那样的人，邦贾加拉向他求教，在一切事务上人们都遵从他。”翰帕特·巴比后来的奥卢卡更深刻的是，巴意识到了伴随着从口头流传到书写固定的过渡过程中出现的那些问题。他写道：“一个被言说的词语连同所有在其中与生命和爱协调一致的东西一道，就像在（提尔诺·博卡的）邦贾加拉所发生的情况一样，它们在书本中始终不能按其完整的力量被复述。”但是巴投身于他的使命，将大师的学说书写下来，因为即便是一份不完整的文字记录也比让此学说完全从人们的记忆中消失要好。而这总归已经是一个不可挽回的损失：

口头的流传随着民族语言字母化而逐渐失去生命力，那么多非洲智者们的学说和影响却都没有以文字的形式被记录下来。

提尔诺·博卡学说的内容展示了伊斯兰教对于非洲哲学的影响，对他而言他的学说内容本身发展出了一种以文字概括的确定形式。如果这种非洲哲学是由基督教神学家们推动的，那么它就与部族哲学形成了对立。博卡并不想将非洲思想伊斯兰化，而是想将伊斯兰教融合进非洲哲学。即便在伊斯兰宗教的问题中，他也将理性解释为决定性的角色。《古兰经》的内容、传统（sunna）学说以及对于信仰问题（idjma）的当代共识都是在它们的理性化过程中被理解和奠基的。神与人之间最原初的联盟，那种也附带包含了摩西和耶稣学说的伊斯兰宗教的天启，以及对于清真言（shahada）秘传的领会，在苏菲派（Sufismus）的"内在法则"中找到了它们的综合，对于博卡而言这种"内在法则"是具有权威性的，并且他尝试着以理性的方式去掌握和论证这种法则。[①]

① 参见翰帕特·巴：《提尔诺·博卡的生平和学说。邦贾加拉的智者》，巴黎，1980 年，第 46、128、195—233 页。

介绍马塞尔·格里奥勒和多贡社区的图书封面

在距离邦贾加拉大约四十公里之外有个村庄奥戈-杜-巴斯（Ogol-du-Bas），它属于桑哈（Sangha）的多贡公社（Dogon-Gemeinde）[①]，这个地区位于这座城市旁的多岩高地（falaise）上，在这个村庄里生活着另一位著名的非洲智者，他的生活时间部分地与提尔诺·博卡重合。这位智者的学说通过法国的民族学家马塞尔·格里奥勒（Marcel Griaule）流传到我们这里。这位智者就是奥格特梅利（Ogotemmeli），一位失明的猎人，他在他的村庄中得

① 桑哈是马里的一个地区，由44个农村公社组成。——译者注

到了智者的角色和功能。他与伊斯兰教没有关系。就我们所知，这两位智者相互并不熟悉。第二次世界大战之后的十五年里，马塞尔·格里奥勒定期地拜访奥格特梅利，他们之间建立起了值得信任的个人关系。因此，在原初的口头流传的共同体联系已被中断的情况下，奥格特梅利向这位民族学家倾诉了他的学说。他已经不能再以口头的方式向当地年轻人传达这些学说了，因为年轻人们已经学会了阅读和书写。所以这又是一个偶然的状况，我们对于这种智慧哲学的认识要归功于这一状况。

与肯尼亚的智者相比，奥格特梅利的学说中宗教—神秘的表象明显占据了更为重要的角色，也由于这一点他被认为比肯尼亚的智者们更少独立性，因此奥德拉·奥卢卡并不承认他是智者。① 但在笔者看来，他的观点在哲学上的重大意义是毋庸置疑的。吉纳维芙·卡拉美-格里奥勒（Geneviève Calame-Griaule）1975 年出版了马塞尔·格里奥勒与奥格特梅利的新版对话，在新版“前言”中，她将对话中

① 参见奥卢卡：《智者哲学：本土思想家以及关于非洲哲学的现代阐释》，莱顿等地，1990 年，第 45—46 页。

的哲学内涵归纳为以下几点：(1) 对于多贡文化和多贡思想来说，关于宇宙论亦即宇宙起源学说的表述是奠基性的。(2) 存在着大量的关于象征性对应的逻辑，比如人身体的各个部分与村庄之间的相似性，以及语言的各方面与手工劳动能力之间的相似性。(3) 个人的概念是基于性别差异被构想的，这种差异通过对青年男女行割礼得到了强化。(4) 语言在其形而上学的和社会的功能等多层次上得到诠释。

关于最后一点我想在此进一步加以说明。奥格特梅利区分了语言的三个方面，或者说语言三个层次的起源。这三个方面每一个都对应于一种实践的—文化的能力。“第一个词”代表了语言的创造能力，它与制陶工艺中赋予形状的能力关联在一起。通过“第二个词”可以搞清楚，语言始终是文本，是富有意义的样本相互间的编织。在语言的编织物中，也是那些省略的部分、而非说出的部分才是重要的。不言自明，编织的工艺与语言的这个方面是对应的。“第三个词”在自身中隐含了一个多重划分的方面，正如每幢多贡房屋旁矗立的储存粮仓的样式一样。在不同方面就有可能表达出差异、关联，以及由此得出的世界阐释，

多贡部族舞蹈

并且所谈的是与关于社会秩序的世界阐释相符合的部分。[①]

最后应当提及的是，16、17 世纪生活在埃塞俄比亚的两位智者，我们之所以对他们的智慧学说有所知晓，是由于出于偶然的动机他们自己写下了这些学说。他们处于口述传统之中，但是也精通阅读和书写的技艺，这种技艺是公元 4 世纪通过当地的基督教会传入埃塞俄比亚的。这种教会语言，即吉兹语(Ge' ez)[②]，可以与拉丁语在欧洲天主教会中的使用相提并论。克劳德 · 苏姆内尔（Claude Sumner），出生在加拿大，选择成为埃塞俄比亚人，他在亚的斯亚贝巴大学（Universität von Addis Abeba）图书馆里发现了大量以吉兹语书写流传的哲学文本，他对之进行了破译，翻译成英文并加了注释发表，这些文本的作者就是出自 16 世纪的斯坎德斯（Skendes）

① 参见马塞尔 · 格里奥勒:《神之水。奥格特梅利访谈》，载于吉纳维芙 · 卡拉美-格里奥勒编，巴黎，1975 年，第 11—13、23—91 页。

② 参见吉兹语起源于埃塞俄比亚和厄立特里亚北部地区，属于闪米特语族，曾是埃塞俄比亚阿克苏姆王国的官方语言，今天则只在教会礼拜中使用。——译者注

和出自 17 世纪的塞拉 · 雅科布（Sera Jacob）。

源于 16 世纪的文本《斯坎德斯的人生与学说》包括了作者的生平和五十五个系列问题及其答案，还有另一个系列一百零八个问题及其答案。这个文本被写就乃是出于如下的机缘：斯坎德斯曾背负了一项很重的罪责。为了证明他的命题——“所有女人都是婊子”，他想诱奸自己的母亲。在长时间离家之后他返回家中，起先并没有被他母亲认出来，他开始实施自己的计划。他几乎成功诱奸自己的母亲，但是最终却没有做，而是认清了自己作为儿子的身份。接下来却导致了母亲的自杀。为了赎清自己的罪责，斯坎德拉发誓不再说一个字。当他被阿克苏姆（Axum）宫廷的国王所聘任、作为智者在宫廷里工作时，他没有其他选择，只能以书写的方式传达他的建议和回答。

这里有几个例子出自斯坎德斯作为智者的著作：第一个系列第 19 个问题，“他们曾经问那位智慧的人，对他说道：‘什么是心灵？’他回答说：‘心灵是天上的火，一种像天使一样的永生的被造物，一盏灯，一种永生的被造物，一种善的和理性的火，完满的认识，一种洞察力；它对身体言谈，刺激身体并将理性教会给身体。'”第26个问题：“他们曾经问那位智慧的人，并对他说道：'什么是正直的德行？'他回答说：'正直是一种值得褒扬的行动，值得期待的行动；它消除了对于金钱过多的爱，从心中将之驱逐出去；正直是一种善的希望，它避免了恶意；它预示着喜悦。'”第51个问题：“他们曾经问那位智慧的人，并对他说道：'什么是睡眠？'他回答说：'睡眠是最好的医生：它是死亡的投影，是激情渴求的不幸，是一切生命力的喜悦，是昏暗的相似性，一种对于日间的回忆。'”①

塞拉·雅科布出生于1592年，教学活动集中在17世纪，他孤独地在一个山洞中完成了他哲学上的智慧学说。他也先提供了他的生平，然后是关于他学说的表述。他是一位批判性的思想家，在1626年他不得不离开首都藏身于一个山洞，因为当时埃塞俄比亚的苏斯尼约斯国王（Susenyos）②在一段较短的时间内引入了天主教信仰作为国教。他的学说的标题叫作《哈塔塔》（Hatata），其含义是一块一块地研究，穿

① 克劳德·苏姆内尔：《非洲哲学的起源。关于人的埃塞俄比亚哲学》，斯图加特，1986年，第32—37、113—119页。

② 苏斯尼约斯国王1607—1632年在位，1626年他宣布天主教为国家信仰。——译者注

透事情，仔细地探询、检验和复核。苏姆内尔将之称为埃塞俄比亚版的笛卡尔之《谈谈方法》(*Discours de la méthode*)。《哈塔塔》指出了近似于大约在同一时期的欧洲出现的一种批判性思想的开端，这种思想不再不加考虑地接受宗教真理。在宗教领域，从埃塞俄比亚的葡萄牙人传教时期开始，就有一些埃塞俄比亚基督教、犹太教、伊斯兰教以及天主教信仰中相互不一致的说法，基督教自公元 4 世纪就流传到了埃塞俄比亚，而自从耶路撒冷沙巴女王访问所罗门以来，埃塞俄比亚与犹太教就有一种古老的关系，伊斯兰教早已进入，天主教信仰则是晚近出现的。

雅科布从完整天性的健康状态出发，去研究不同宗教的神学家关于斋戒、遵守安息日、婚姻之爱、平衡的两性关系以及基于他们内在连贯性的其他问题的看法。如果一个观点不能经历理性的考察，那么就作为谬误加以拒绝。“我们的理性是由我们的造物主置于人的心中的，理性教会了我们一切事物。它怎么可能是无用或者错误的呢？”首先清楚的是，每一种不同的宗教针对自身提出的绝对性要求是不可能站得住脚的。因此雅科布拥护一种动机，这种动机在今天的非洲哲学家那里也常常同样是举足轻重的，比如在图姆巴、奥鲁沃和哥耶克耶以及其他哲学家那里这一动机只是针对哲学的绝对性思想被使用。

在苏斯尼约斯国王去世之后，雅科布离开了他的洞穴，在首都恩法拉兹（Enfraz）一位富商那里谋得了一个家庭教师的职位，为富商的儿子们上课。他也将他的智慧学说传授给他们。应其中一个儿子的请求，他将这些学说以一篇文章的形式写了下来。在这种特殊的情形下，出现了从智者学说的主要以口头形式交流的传统向书写传统转变的过渡。老师和学生在智者的口头传统中互动，并且同时掌握了阅读和书写的技艺。那位富商的儿子、塞拉·雅科布的学生瓦尔达·黑瓦特（Walda Heywat）之后以大师的风格自己写了篇文章，在其中他精心制定的“哈塔塔”的工作风格在后来的教育学中流行起来。瓦尔达·黑瓦特强调了所有人的平等，只要他们都具备理性。他还为家庭原则辩护，视之为群体的社会性基本结构。①

---

① 克劳德·苏姆内尔：《非洲哲学的起源。关于人的埃塞俄比亚哲学》，斯图加特，1986年，第37—44、122—146页。

由此我们就可以解答以下问题：是否可以从非洲的智慧哲学追溯到古代埃及？按照来自塞内加尔的建筑学家、历史学家、哲学家和物理学家切克·安塔·迪奥普（Cheikh Anta Diop）的论题，先于希腊化以及接下来的阿拉伯化和伊斯兰化过程的古埃及是属于黑色非洲的一部分。这个论题是有争议的，但是迪奥普的一个学生、特奥菲勒·奥本加（Théophile Obenga）通过很多历史事实论证了这个论题。从法老的木乃伊是否可以看出他们具有黑色皮肤，很明显这一点今天以自然科学的方式已经无法证明。非洲裔的美国哲学家马丁·贝尔纳（Martin Bernal）尝试着论证和扩展迪奥普的这个命题，他首先收集关于古埃及激发希腊哲学家和科学家的证据。他如此命名关于这个主题的著作——《黑色雅典娜》（*Black Athena*）。一系列的证据证明，柏拉图为了认识神秘学说，曾亲身访问过埃及，并且大量的希腊哲学家和科学家曾受到埃及智慧学说的影响。还有一些早期教会的神学家和哲学家，如奥里金（Origines）、德尔图良（Tertullian）和奥古斯丁（Augustinus），都来自于阿拉伯化之前的北非地区。从这个观点出发，古埃及就会成为非洲哲学和欧洲—西方哲学的摇篮。[①] 虽然关于这一观点是否正确的争论一如既往地无法定夺，但是却构成了继续探讨的理由。如果在此接受非洲智慧哲学与古埃及哲学之间的联系，那么就必须研究以下问题：这种哲学是通过哪些路径超出非洲大陆进行传播的。对这一问题迄今还只是暂时性的假设。[②] 至少，在下文还要更为详尽地提及的著作《非洲哲学指南》（*A Companion to African Philosophy*）中，古埃及哲

① 参见切克·安塔·迪奥普：《黑人民族文化》（Nations nègres et culture），巴黎，1954 年；特奥菲勒·奥本加：《黑色非洲与地中海的古代世界》（*Afrique noire et monde méditerranéen dans l'antiquité*），达喀尔（Dakar），1976 年；马丁·贝尔纳：《黑色雅典娜。古典文明的亚非之根》第一卷《古代希腊的形成过程》，伦敦/新布伦瑞克（London/New Brunswick），1987 年；第二卷《考古学和文献的证据》，新布伦瑞克，1991 年；宾斯贝尔根（Wim M. J. van Binsbergen）编：《黑色雅典娜：十年之后》，塔兰塔（TALANTA）：荷兰考古学和历史协会，1997 年；莱昂哈德·哈尔丁/布里奇特·兰瓦尔德（Leonhard Harding/Brigitte Reinwald）编：《非洲——欧洲文明的母亲和模式？通过切克·安塔·迪奥普为黑色大陆正名》，柏林，1990 年（本书包含编者导言和迪奥普最重要文本的德译本）。

② 兰莎纳·凯塔（Lansana Keita）：《非洲哲学传统》，载于理查德·赖特（Richard A. Wright）编：《非洲哲学。一个导论》第二版，华盛顿，1979 年，第 35—54 页。

学以其核心概念玛特（Maat）位于非洲哲学史的开端之处，这一概念意味着诸如“协调，平衡，正直，正确”等等。[①]

① 奥本加：《埃及：非洲哲学的古代历史》，载于维雷杜（Wiredu）编：《非洲哲学指南》，马尔登（Malden）等地，2004 年，第 31—49 页。

第五章
非洲出场：非洲哲学有组织地介入世界哲学

1947 年在巴黎，一群来自于法属非洲地区的知识分子支持阿里奥内·迪奥普建立了一家名为“非洲出场”（Présence Africaine）的出版社，它在西方世界的出版活动就是编辑了一套与出版社同名的系列丛书。在这个系列丛书里出版了关于非洲文化、文学和哲学的重要文本。唐普尔的《班图哲学》的法译本出版于 1949 年，英译本于 1959 年面世。前面引用过的德文版的卡伽梅的重要著作《班图哲学比较》，是 1976 年出版的。更多的著作和文章出自喀麦隆的埃波萨·博拉加（F. Eboussa Boulaga），他的论著刊行于 1968 年至 1981 年之间，在这些论著中他专门对有关部族哲学的争论进行了具体详尽的评论。塞内加尔首任总统桑戈尔本人就是“非洲出场”的创建者之一，他 1961 年在这个系列中发表了他的《国家和社会主义的非洲道路》（Nation et voie Africaine du socialisme），1972 年发表了他的《黑人和马达加斯加人法语新诗选》，此书带有萨特的著名导论《黑皮肤的俄耳普斯》（Orphée noir）。还有在哲学上影响很大的文化人类学研究，比如阿卜勒马农（F. M. Ablémagnon）的著作《埃维族文化中的“时间”》（*Du “temps” dans la culture Ewe*），也被这个书系收录了（14/15 卷，1957）。来自民主刚果的哲学家瓦伦汀·姆迪贝（Valentin Y. Mudimbe）曾在巴黎跟随福柯学习，今天在美国执教，在内容广博的目录《发现非洲》（1988）里，他的著作在超过 26 个主题的哲学文本中被提及，这些文本都在“非洲出场”中出版。①

为了纪念“非洲出场”创刊四十周年（1947—1987），姆迪贝 1992 年编纂了一册文集，众多来自非

① 参见瓦伦汀·姆迪贝：《发现非洲。灵知，哲学和知识的秩序》（*The Invention of Africa. Gnosis□Philosophy□and the Order of Knowledge*），布鲁明顿 / 印地安娜波利斯（Bloomington/Indianapolis），1988 年，第 205—232 页。

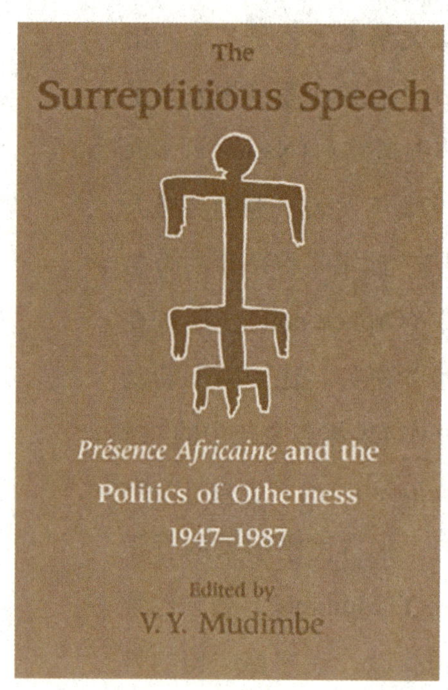

《秘密的话语》书影

洲大陆的以及其他地区（主要是美国）的非洲移民聚居区的非洲裔哲学家和科学家为这个文集提供了文章。这个文集的标题意味深长——《秘密的话语》(*The Surreptitious Speech*)，其含义就相当于“隐蔽的”、“在隐藏状态中显露的”“并不完全公开的语言”。姆迪贝想以此说明非洲哲学家和科学家的这些在“非洲出场”中刊印的出版物的特征。这个出版社为一场讨论充当了长达 40 年的传声筒，然而这场讨论似乎还没有在国际范围内被倾听，并且在此方式下推动了一项既困难又必需的“他者的政治”(Politics of Otherness)。有别于欧洲—西方文化的另一种文化，即黑色—非洲的文化，应当在法国的权力心脏中重新赢得它的尊严，这种尊严此前在殖民主义中遭到了否定。由此一条通往“文化间对话”的道路就被开辟出来，这场对话对于双方均有得益。[①]

阿尔文·迪梅尔（Alwin Diemer）最先在哲学范围之内赋予这场对话一个组织化的空间。1978年他组织的在杜塞尔多夫举行的世界哲学大会安排了一个题为“当下非洲形势中的哲学”的论坛，在上文中已有提及的奥德拉·奥卢卡、洪东基、恰马楞加·图姆巴和卡伽梅都参加了这次会议，还有来自尼日利亚的彼得·波顿林（Peter O. Bodunrin）和奥卢·索迪泼（Olu J. Sodipo）、来自塞内加尔的阿拉撒尼·恩道（Alassane N’Daw）、来自埃及的哈桑·哈纳菲（Hassan Hanafi）以及来自法国的亚赫亚·迪亚罗（Yahya Dialo）也参与了这次会议。会议组织者在发表的论文集的前言中评论道：“在非洲始终存在着哲学”。[②] 这就克服了殖民主义对非洲文化和哲学的

---

① 姆迪贝编：《秘密的话语。非洲出场和他者政治，1947—1987》（*The Surreptitious Speech. Présence Africaine and the Politics of Otherness.1947–1987*），芝加哥/伦敦，1992年，第XV—XVII页。

② 阿尔文·迪梅尔编：《当下非洲形势中的哲学论坛》，（1987年8月30日），威斯巴登（Wiesbaden），1981年。

否定，并且帮助非洲哲学成为世界范围内哲学讨论一种语言，它不必再以近乎隐蔽的方式且在隐藏状态中被表达。

作为一种延续，迪梅尔在几年之后（1980）参加了一个题为“哲学与文化”的会议，这个会议是由奥德拉·奥卢卡和迪斯玛斯·玛索罗（Dismas A. Masolo）在内罗毕组织安排的，随后迪梅尔在1982年在杜塞尔多夫召集了更大范围的非洲哲学家参加的一个国际哲学论坛，对非洲的文化与身份（Culture and Identity of Africa）进行了阐释。[①]由此，非洲哲学的核心问题在世界哲学的背景中被提了出来，这在多年后出

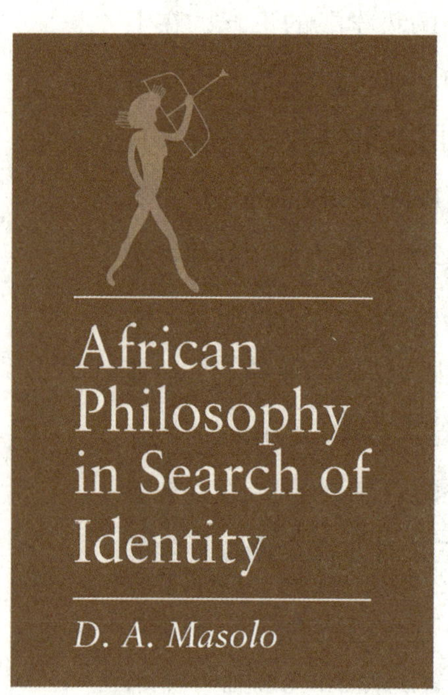

《寻找身份的非洲哲学》书影

① 迪梅尔、洪东基编：《非洲及其身份问题》，法兰克福等，1985年。

版的玛索罗的著作《寻找身份的非洲哲学》(*African Philosophy in Search of Identity*) 中得到了证明。在1960年前后，与非洲各民族争取从殖民国赢得独立的斗争相关联，非洲哲学家们通过就这样一种哲学的存在现状提问，由此开始为他们自身和他们的大洲找回哲学，并且找回在其自身中被意识到具有尊严的文化。如何理解非洲哲学本身？它如何在非洲并且代表非洲表达其身份意识？沿着这些问题的线索，迄今为止的非洲哲学的历史正在以一种合理的方式被重新构建。①

经由巴黎的"非洲出场"以及与杜塞尔多夫的世界哲学大会的有组织的介入——自此之后非洲哲学定期地参与世界哲学大会，由此非洲哲学找到了与世界范围内的国际化的哲学讨论之间的联系纽带。特别是以德语进行的相关哲学探讨，可以看作是一个开端。早在民主德国时期，盖尔德—吕迪格尔·霍夫曼 (Gerd-Rüdiger Hoffmann) 就在莱比锡从马克思主义哲学的基础出发对非洲哲

① 迪斯玛斯·玛索罗：《寻找身份的非洲哲学》，布鲁明顿和印第安纳波利斯/爱丁堡 (Bloomington and Indianapolis/Edinburgh)，1994年。

学进行了阐释。[①] 在维也纳，克里斯蒂安·诺依格鲍尔（Christian Neugebauer）的博士论文也延续关注了这一主题及其他研究工作，并且建立了一份以哲学为主要方向的期刊《非洲研究期刊》（*Zeitschrift für Afrikastudien*）（缩写为 ZAST）。在“维也纳丛书：哲学论题”中，赫塔·纳格—道斯卡尔（Herta Nagl-Docekal）和弗朗茨·马丁·维默（Franz Martin Wimmer）出版了一本文集，包含了大量非洲哲学家的文章。来自波鸿大学（Ruhr-Universität Bochum）的尤尔根·亨格布洛克（Jürgen Hengelbrock）致力于使德国文理中学的哲学课程关注非洲哲学。[②] 在跨文化哲学的研究共同体中——我们将在第七章中更详尽地介绍相应内容，学者们对于把非洲哲学的考查引入鹿特丹并推动与非洲哲学

---

① 盖尔德-吕迪格尔·霍夫曼：《在撒哈拉沙漠南部非洲哲学是如何以及为何产生的》，载于 R. 莫里茨、H. 吕斯陶、G.-R. 霍夫曼（R. Moritz/H. Rüstau/G.-R. Hoffmann）编：《在地球上的不同地区哲学是如何以及为何产生的?》，柏林，1988 年，第 194—226 页。

② 尤尔根·亨格布洛克编：《哲学。关于课程实践的论文》（丛书），第 26 期：《自我认识和教学——国际化》，法兰克福，1991 年；第 29 期：《非洲》，柏林，1993 年。

对话上贡献良多。[①] 近几年在德国大学中还出现了几篇很有前途的关于非洲哲学博士论文和一篇教职论文。[②] 此外，还有更多的文章和书籍，在此就不一一提及了。

在美国和加拿大成立了北美非洲哲学协会（Society of African Philosophy in North-America）（缩写 SAPINA），协会主席最先是姆迪贝，后来是玛索罗。在北美地区，这个协会把围绕非洲哲学的多种学术努力汇集到一起。这些努力马上会在下一章中得到更详尽地介绍。在英国也广泛存在着对于非洲哲学的兴趣。有意义的是，通过对于非洲哲学的讨论，在非洲大陆本身和非洲移民聚居区的哲学工作与阐释都取

---

① 基姆勒：《哲学在非洲——非洲哲学》，1991 年；《跨文化的维度》，1994 年。

② 尼尔斯·魏特曼（Niels Weidtmann）：《在跨文化世界中文化的世界性质。以非洲为例与解释学和结构现象学的争论》，哲学博士论文，维尔茨堡（Würzburg），1998 年；乌尔里希·洛尔克（Ulrich Lölke）：《批判性传统。非洲。作为去殖民化场所的哲学》，（哲学博士论文，杜塞尔多夫，1999 年），法兰克福，2001 年；雅科布·伊曼纽尔·马贝（Jacob Emmanuel Mabe）：《非洲哲学思想书写的和口传的形式》，教职论文，柏林工业大学哲学系，2004 年。

得了进展。这种进展发生在非洲大学的日常工作之中，成为那里非洲学者普遍从事的研究课题。非洲哲学和研究国际协会（International Society for African Philosophy and Studies）（缩写 ISAPS）提供了一个组织性的空间，这个协会每年举行会议，并且编辑一份电子期刊《非洲哲学期刊》(*Journal on African Philosophy*)。

第六章
移民哲学：移民聚居区的非洲哲学

如果要谈及在移民聚居区中出现的关于非洲哲学的重要论文，那么就必须将注意力从在上一章提到的教职论文中移开——关于这些论文在最后一章还会更详尽地谈及，我们必须首先将目光投向美国。按照威廉·爱德华·布格哈特·杜·博伊斯（William Edward Burghardt Du Bois）的看法，肤色界线（Color line）构成了20世纪美国最主要的问题，[①] 对于非洲裔美国哲学家来说，这个问题更是极为重要的。在官方宣布终止奴隶制度之后，那些源自非洲的美国公民依

① 威廉·爱德华·布格哈特·杜·博伊斯：《黑色民族的灵魂》，纽约等，1903 年。

然还会由于种族的原因受到在极端程度上或大或小的歧视。在一篇总结性的文章中，来自邻近费城的哈弗福德学院（College in Haverford）的卢修斯·奥特劳（Lucius Outlaw）如此评论美国的非洲哲学：自1850年以来，美国的非洲哲学最初将美国黑人和美国白人之间的关系描述为“同化”，描述为一个“种族的以及/或者部族的群体”在另一个群体中的开放过程；后来则将之描述为“调节适应”，描述为一个战略性的自我适应，其目的是沿着这条道路达到一种独立性。作为针对前一种描述的最重要的证明，他引用了弗雷德里克·道格拉斯（Frederick Douglas），针对后一种的证明，他引用了布克尔·华盛顿（Booker T. Washington）。另外他还让我们注意到一些文集，在其中可以找到非洲裔美国哲学家的文本。[①] 奥特劳自己想在“非洲哲学”（Africana Philosophie）这一宽泛概念下将非洲哲学和美国的非洲哲学综合到一起。属

① 佩西·约翰逊（Percy E. Johnson）：《非洲裔美国哲学家》，蒙特克莱（Montclair），1970；莱昂哈德·哈里斯（Leonhard Harris）：《奋斗哲学。1917年以来美国的非洲哲学》，载于杰拉德·迈克沃尔特（Grald McWorter）编：《黑人研究中的哲学视角》，厄巴纳（Urbana），1982年。

于这个概念的，不仅包括在非洲和在美国的移民聚居区中具有非洲血统的活跃的哲学家们①，还有那些同样具有非洲血统的、以哲学的方式进行研究的非洲学研究者们。

夸梅·安东尼·阿皮亚（Kwame Anthony Appiah）由加纳大学委派到位于临近波士顿剑桥城的哈佛大学工作，他着重论证了“种族”并不是科学上适用的概念；这一观点与其他一些来自于非洲的哲学家们针锋相对，这些哲学家在这一点上附和了那些歧视他们的人。具有同样肤色的人们所具有的品质和能力之间的差异，与具有不同肤色的人们所具有的品质和能力之差异，两者比较，很明显前者差异度更大。人们的肤色以及其他生物学的差异特征并不适合于标识他们的品质和能力。“非洲”和“非洲人”是这样的概念，它们具有一种文化历史的意义，而没有生物学—人类学上的意义。②

---

① 卢修斯·奥特劳：《非洲哲学》，载于约翰·皮特曼（John P. Pittman）编：《美国的非洲视角与哲学传统》，纽约 / 伦敦，1997 年，第 63—93 页。

② 夸梅·安东尼·阿皮亚：《在我父亲的房子中。文化哲学中的非洲》，伦敦，1992 年，第一章和第二章。

美国非洲移民聚居区的“非洲日”活动

基于这些洞见，来自于奥尔巴尼（Albany）纽约州立大学（New York State University）的纳奥米·扎克（Naomi Zack）得出了一些极端的结论。“种族身份认同本身不仅仅是一个谎言编织的网络，制造它的目的只是为了将压迫合理化……更有甚者……这种种族身份认同还阻碍了一个行动者的自由。在种族身份上得到认同的人们，作为行动者将会由此认同将理解力、道德价值和社会能力置于更低微的地位，而这所有一切对于一个理想的自由行动都是必需的。”因此对于种族归属感到羞耻，这不仅不是一个错误的选择，而且在黑人特性（Négritude）的风格中——在美国这种特性不乏拥趸，对此反而应当感到骄傲。种族归属并不是生物学上的“在身体中”，而是在文化历史的层面上既具有否定意义也具有肯定意义的“在那些身体中”。特别是在美国，情形是这样的，“在那里美国原住民（Native-Americans）的财产和美国非洲人的工作很大部分都贡献给了白人的财富，没有恰当的平衡，并且在那里有色人种对于非物质文化的贡献同样是受到忽视的。”①

姆迪贝当时在位于杜伦（Durham）的南卡罗莱纳大学（University of South Carolina）任教，今天则在斯坦福大学（Stanford University）就职，他在一次拜访本书作者时曾明确地确认，由于美国大学中更好的工作条件，相比于在非洲，他在美国能够为非洲哲学做得更多。②对于这一点，其他来自非洲而在美国大学执教的哲学家们深有同感：来自加纳的伊曼纽尔·亚布拉罕（W. Emmanuel Abraham）（执教于圣克鲁兹的加利福尼亚大学）、夸西·维雷杜（Kwasi Wiredu）（执教于坦帕的南佛罗里达大学）以及夸梅·安东尼·阿皮亚（执教于马萨诸塞州剑桥城的哈佛大学），来自贝宁的奥拉比伊·亚伊（Olabiyi B. Yai）（执教于盖恩斯维尔的佛罗里达大学），来自尼日利亚的女哲学家阿比奥拉·伊雷勒（F. Abiola Irele）（执教于哥伦布的俄亥俄大学）；此外还有塞古

---

① 纳奥米·扎克：《种族，生活，死亡，身份，悲剧和好的信仰》，载于列维斯·高尔登（Lewis R. Gordon）编：《黑色的生存。黑人生存哲学文集》，纽约/伦敦，1997年，第99—109页。

② 基姆勒：《美国的非洲。美国移民聚居区的非洲哲学》，载于基姆勒：《跨文化的维度》，第43—75页。

恩·巴德哥辛（Segun Gbadegesin）（执教于威斯康星大学），来自厄立特里亚（Eritrea）的特西纳·塞奎伯翰（Tsenay Serequeberhan）（执教于波士顿学院）以及其他人。维雷杜和巴德哥辛的著作致力于研究阿坎族哲学和约鲁巴族哲学，在此我们将对他们的研究展开更为详细的描述。

“思想的去殖民化”计划，也称意识的去殖民化（Decolonization of mind）或者观念上的去殖民化（Conceptual Decolonization），是由维雷杜在研究阿坎族哲学时提出的，但这个提法对于全体非洲都具有极为重大的意义。最早是在 1980 年，维雷杜在内罗毕举行的一次联合国教科文组织（UNESCO）的会议上构想了这一计划，并且此后一直不断地致力于推进此计划。他以英语中的哲学概念为例，这些概念通常只能通过曲折的转述才能在阿坎族的语言契维语中表达出来，并且他发现反过来也是如此。他关于非洲和西方思想中的去殖民化的必要性的考虑，其中的大部分是从语言的实际情形中得出的。在他关于非洲哲学的第一本著作中，他详细地阐明了阿坎族的真理概念（参看本书第三章）。在这个概念上，可以特别清楚地看到一种困难，即如何让西方思想理解它。“真”在契维语中就是“我所说过的东西”。这一点符合上文中作出的一个论断：对于契维语和阿坎族来说，真理需要生命力，这种生命力必须始终被保有。因此，契维语中“我所说过的东西是真的”这个句子，必须被表达为“我所说过的东西，就是我所说过的东西”。

来自乌干达的诗人和哲学家奥考特·皮比特克（Okot p'Bitek）曾描述过一个令人印象深刻的情形：《圣经》从英文翻译成卢奥族语言时，是如何导致荒谬的误解的。希腊文的逻各斯（logos）被翻译成英文的道(/言 Word）已经饱受指责，但在卢奥语的《圣经》中，《约翰福音》开头的句子“道就是神”，对于一个不说英文的卢奥人来说，它的意思就是“新奇之事就是那个凸起的灵魂”。按照维雷杜的说法，在契维语中也可能会有相似的荒谬误解产生。如果人们将诸如逻各斯和神（上帝）这样的词以语音的方式在契维语中接受下来，这样或许可以回避这一问题。还有其他一些从西方接受的词语，它们所指的是非洲人一无所知的事物，比如电子（Elektron），这些词语被整合进了契维语和其他非洲语言中。但反过来看，如果人们对阿坎族的神的概念——昂亚姆（Onyame）有所认识的话，西方的思想也会得到丰富，这个概念指的是一个完全属于此岸世界的本质。契维语中的阿瑟姆（asem）这个概念严格来说不必译为道（Word），而是要译为“讨论的组成部分”（piece of discourse）。我们可以从中认识到什么？从这个视角中必然得出如下观点：非洲哲学首先是在非洲语言中、而非在西方语言中被表达的，其次才是与其他语言的哲学发生联系。①

《文化的普遍与特殊》书影

《文化的普遍与特殊》这本书的标题表明了“思想的去殖民化”的计划已经成为一个范围极广的哲学计划的一部分。不同文化的哲学相互间关联在一起，因为它们都是哲

① 第 10 章、第 8 章和第 7 章：维雷杜：《文化的普遍与特殊。一个非洲的视角》，布鲁明顿 / 印第安纳波利斯（Bloomington/Indianapolis），1996 年，第 10 章《非洲哲学中观念上去殖民化的需求》，第 8 章《阿坎族语言中真理的观念》，以及第 7 章《非洲语言中现代化思想的构想。一些理论上的考虑》，所引部分在出版前作为文章在其他地方发表过。

学，这一点对它们而言是共同的。一方面，它将自身固着在确定的基本命题之上，比如人的概念被规定为"直立（用两条腿）行走的物种"（两足的物种）、矛盾律和绝对命令的原则，等等，在哲学构想中它们始终如此。另一方面，不同文化的哲学也保持了差异，尽管这些差异不断变化并且也会被消磨掉，但仍存在着（并且应当一直存在着）一种普世的世界哲学下的特殊部分。①

非洲人对于民主的理解也属于这种特殊性。维雷杜强调了通过共识（Konsensus）获得的那个多次被描述过的决定性发现，这种共识也在阿善堤人（Ashanti）那里经由他们强有力的国王阿善堤土王（Asantehene）而得以实践。他援引了福尔特斯（M. Fortes）和埃文斯–普里查德（E. Evans-Pritchard）的概览式著作《非洲政治系统》（牛津，1940），书中阐述了关于非洲政府系统的整个相关领域。其中在所有地方涉及的都遵循着不要长期施行与民众的意志和福祉相悖的统治这样的规定。即便面对困难重重的政治

① 维雷杜：《文化的普遍与特殊。一个非洲的视角》，布鲁明顿 / 印第安纳波利斯，1996 年，第 1—2 页。

冲突情形也可以且必须通过对话解决问题。一句阿坎族的谚语说道："不存在无法通过对话解决的人际关系的问题。"与多党派的西方民主模式相对地，维雷杜提出"非党派民主"（Non-Party-Policy）作为非洲的选择方案。在政治决策形成的过程中，这一方案涉及的并非有组织的政治党派，而是其他从自身出发指向大众的社会性力量，人们的团结一致是以这些力量为基础的，并且在作出政治决断的过程中必须要考虑到这些力量。①

塞贡·巴德格辛（Segun Gbadegesin）在对传统约鲁巴哲学的阐述中，通过比较观察，发现了约鲁巴哲学与阿坎族思想之间有很多的一致之处或者至少是相似之处。在对人的理解上就是如此，阿坎族关于这一理解的说法在本书第二章中已被概述过了，比如关于一种必须要作为预设的共同体的设想，而这种共同体也不排除个体性。从内容丰富的口头流传中可知，约鲁巴族的宗教特征通过数量众多的神祇得以表现，这些神祇具有一些功能，比如负责丰收和更好的天气

① 维雷杜：《文化的普遍与特殊。一个非洲的视角》，布鲁明顿 / 印第安纳波利斯，1996 年，第 182—190 页。

约鲁巴族少女

条件，负责和平地共同生活和在战争中更强大等，除了这些功能之外，还有一些神祇也常常具有本地化的指向，也就是说主管约鲁巴族的一个分支、一个地区或者众多城镇中的一个。约鲁巴族最高的存在者——奥罗杜马(Olodumare)，与基督教的上帝不具可比性，因为它需要众多神祇的协助。而疾病和健康的概念则是由一种整体性的思想所铸就的。对于疾病而言，社会起因扮演了重要的角色，比如家庭中的争吵、遭受的冤屈、与祖先之间没有建立起正常的关系。来自尼日利亚伊巴丹（Ibadan）大学的高德温·索高罗（Godwin Sogolo）对于此问题已做了更为详尽的研究。[①] 针对巫术或者符咒与疾病的产生或者救治之间的因果关系，巴德格辛通过上文中（在第三章中）提到过的不同的范例，在传统非洲思想和西方科学的意义上进行了解释。[②]

在巴德格辛《非洲哲学》的第二部分，他转

---

① 高德温·索高罗：《论关于非洲的健康与疾病的社会—文化概念》，载于《非洲。意大利—非洲文献局研究季刊》XLI,3，1986 年，第 390—404 页。

② 巴格德辛：《非洲哲学。传统约鲁巴哲学和当今非洲现实》，纽约等，1991 年，第 1—136 页。

而论述“当代的非洲现实”(Contemporary African Realities：CAR)。他没有忽视当今的现实情况，这种现实以众所周知的方式在其通过某些媒介所传播的呈现图景中被铸就，这里的媒介首先是内战、贫困、艾滋病、高犯罪率以及过度的贪腐舞弊等。这些内容很少出现在讨论非洲哲学的文本中，大部分此类文本主要还是定位于非洲的传统情形。哥耶克耶在美国做客座教授的相当长的一段时间中写了一本题为《传统与现代》的著作，此书深入分析了非洲国家中程度极高的贪腐舞弊和普遍的价值失落，① 与哥耶克耶相似，巴德格辛也研究了处于传统和现代之间的今日非洲。更具体地说，巴格德辛看到了非洲的人和生活的一种分裂状态，一种在宗教和文化中被具体化的“终极现实和意义之概念”(Concept of Ultimate Reality and Meaning)，以及上文提到过的首先在经济、社会和政治领域“跃入我们视野”的当代非洲现实之

① 哥耶克耶：《传统与现代性：对于非洲经验的哲学反思》(*Tradition and Modernity*)，纽约/牛津，1997年，第7章：《政治腐败。一种道德污染》(*Political Corruption, A Moral Pollution*)。

肯尼亚贫民窟

间的分裂状态。①

在经济领域，“贫穷和饥饿，面对极为丰富的自然资源却只具备低下的生产力，还有对于个体和国家的经济剥削”，这些都属于当代非洲现实。在后殖民时期的情况下，非洲对于西方当局在政治和经济上的依赖性仍在延续，并且非洲人将自身变成“为了其利益对国家人力和物质资源进行剥削的交易活动的参与者”。在社会领域内，大家庭和村庄共同体的取消导致了大型城市的出现，“暴力抢劫，逼迫使用毒品，自杀和其他反社会的行为”随之而来。这些政治上的现实通过“政治暴力、选举操控、政治上的不宽容和种族歧视”得以凸显。所有这些都说明了“非洲民族中异化和绝望的深刻程度”。②

在宗教和文化领域中，假如“对于终极现实和意义的观点”(Views on Ultimate Reality and Meaning)在此被表达出来，那么人们可以期待针对当代现实非洲的对抗力量。非洲人强烈且范围广阔的宗教性特征

---

① 巴德格辛:《非洲哲学：传统约鲁尼哲学和当今非洲现实》，纽约等，1991年，第137—261页。

② 巴德格辛:《非洲哲学：传统约鲁尼哲学和当今非洲现实》，纽约等，1991年，第138—141、189页。

可以在基督教、伊斯兰教和传统非洲宗教形式中被找到，而这种宗教性常常具有马克思和恩格斯意义上意识形态的状况，也就是说它是一种“错误意识”的标志。尽管基督教是在殖民化的过程中被带到非洲的，并且仍然局部地控制在西方传教教会手中，但是基督教在世界上任何地方都没有像在非洲那样拥有这么多信奉者。然而，就像伊斯兰教以及那些与基督教和伊斯兰教混合在一起的传统非洲宗教一样，基督教也不涉及当代现实非洲，而是聚焦于“灵魂的拯救”。基督教信仰“将上帝表述为一种脱政治的存在，它冷漠地面对人们的不幸与痛苦，同时通过恩宠保证人们永恒的生命”，这种情况“对于大多数传统主义者而言肯定是罕见的，他们的神祇关心的是人们在此的、在大地上的幸福”。同样地，在“宽容精神”的问题上，虽然基督教以及伊斯兰教也可以从这些非洲传统宗教中获益良多，但是非洲传统宗教也并非以如下方式与今天的经济和社会政治情形发生关联的：即仿佛它们能为消除和克服当下存在的异化作出一种贡献。[①]

---

① 巴德格辛：《非洲哲学：传统约鲁尼哲学和当今非洲现实》，纽约等，1991 年，第 137、143—159 页。

在文化领域中，巴德格辛首先区分了黑色人种以及非黑人和反黑人的观念及行动（途径），他将之整体上评估为是不充分的。他将特殊的“尼日利亚经验”总结如下：在文化中并且也恰好在艺术中一定存在着一种“（艺术的）创造力和（经济社会的）生产力之间的辩证关系”。由于殖民主义贬低了被统治民族的文化并且将其自身的文化强加给他们，因此就有必要将今天的文化特别是艺术的生活“置于正确的位置”（put [it] in its proper place），由此“能够有助于解决当代的非洲现实”。这意味着，那种迄今为止尚未没落的传统非洲文化获得了一种独立于政治国家的批判性地位。①

由此，从终极现实和意义之视角出发，对当代非洲现实进行特别开放并具有批判性的描述，相比对来自美国非裔移民聚居区的非洲哲学作出贡献这一偶然事件，是否更有意义呢？

有两卷关于非洲哲学的论著在一套广受赞誉的英美联合出版的书系《布莱克威尔哲学指南》（*Blackwell*

---

① 巴德格辛：《非洲哲学：传统约鲁尼哲学和当今非洲现实》，纽约等，1991 年，第 161—187 页。（引文中括号中内容是由本书作者海因兹·基姆勒补充的）

Companions to Philosophy）中出版，涉及内容广泛，其中记录了数量众多的专业人士对非洲的以及美国的非洲哲学所作的贡献。① 在这里，非洲哲学不再仅限于撒哈拉以南的非洲，而是也包括了在北部非洲地区阿拉伯化之前和之后的哲学。这整个书系都是来自不同作者的概论式的表述，这些作者都来自于学术圈，而上述的两卷论著构成了这个书系中的最高峰。

---

①　维雷杜编：《非洲哲学指南》；载托米·洛特、皮特曼（Tommy L. Lott/Pittman）编：《美国的非洲哲学指南》，莫尔登（Malden）等，2003 年。

第七章 非洲哲学：跨文化视域的研究

如果有人要从事跨文化的哲学研究，那么他就要预设，哲学不只存在于一种文化之中。认为哲学仅限于欧洲和欧洲历史之中，这个假设产生于启蒙哲学中欧洲历史的语境之下。因此接下来我们要回忆一下启蒙哲学的欧洲中心论，然后将会指出，与启蒙运动的自我认识截然相反地，自古以来其他文化中哲学思想对于欧洲哲学起到了决定性的影响，并且这些影响在启蒙运动之后仍以不断上升的趋势一再发生。自19世纪初以来，对于远东的哲学有了比较研究。这表明了，这类研究已踏上了这样的道路，即以同样严肃的态度对待非西方的哲学。但是欧洲的—西方的哲学研究对非洲哲学未加关注的情形却一直持续到20世纪下半叶。可以注意到，欧洲的—西方哲学更多地开始关注拉丁美洲哲学、大洋洲哲学和其他地区哲学，并重新注意到了伊斯兰哲学，而伊斯兰哲学早在中世纪晚期就已对欧洲哲学产生了影响。不同文化之间哲学的互相关注开启并构建了跨文化哲学研究的联合体。而在这个研究联合体中，非洲哲学应当具有一种特殊的意义。在西方哲学与非洲哲学的对话中，对话双方都应被严肃地对待，特别是对那些传统上首先以口头的方式实践和传承的哲学。在国际哲学讨论中，承认主要以口头形式流传的非洲哲学，这就推开了一道通往宽广前景的大门。无论是主要以书写形式还是主要以口头形式交流的文化中，都有可能接纳哲学。这里我想要辩护的是，这两种类型的哲学就其等级而言应被看成是相同的，而就其行动的风格和形式而言则应被看成是有差异的。

自从启蒙运动以来——在某种意义上人们可以说，在启蒙运动之中以及仅限于其中的一种一贯意义上，欧洲的—西方的哲学提出了一种绝对性要求的形式。[①] 在

---

① 当乌尔里希·洛尔克（Ulrich Lölke）面对非洲多种多

这一要求的规定之下，哲学仅属于欧洲。它的根源在古希腊，这一学科的名称也是在那里产生的。其历史历经古罗马时期、基督教统摄的中世纪和笛卡尔通过我思的论证，直至启蒙时代的理性观念。哲学在这个传统中是以如下的方式被把握的：与爱智慧（philosophia）这个词的意义相符合地，哲学所涉及的并不是占有智慧，而是指对智慧的爱，或者说，成为智慧之友，也就是说，对智慧持久的渴望、追求和寻求。在这里，智慧所代表的是关于人之生活的意义和世界之意义的知识。对于这种知识的支配不能像支配一种占有物那样，这一点也可以如此表达：对于人之生活和世界的意义的追问永远不能以最终确定的方式被回答，而只能始终在过程中、内在于并且针对某种具体的情势而被回答。对于这种知识的哲学性质以及这种过程化的问题—回答的关系而言，以下情形是

样的内生的知识传统，同时也面对欧洲哲学的历史——除了启蒙时代，他正确地指出，哲学是跨文化的。参见乌尔里希·洛尔克：《作为哲学挑战的内生性知识传统。非洲的跨文化哲学实践》，载于：伊里斯·代曼、斯代菲·霍布斯、乌尔里希·洛尔克（Iris Därmann/Steffi Hobuss/Ulrich Lölke）编：《转换。民族学和跨文化视野下的陌生经验》，阿姆斯特丹/纽约，2004年，第191—209页。

决定性的，即在寻求智慧的过程中，在寻求上述问题之答案的过程中，理性、意识到其自身的思想是基于自身被提出的，并且只有在自身之中才能尝试着去寻求答案。

启蒙意义上的哲学只有在欧洲才一直存在、现在存在并且将来也会存在，这个启蒙的命题与对进步的信仰紧密相关，而这种进步信仰是我们这个时代的标志。欧洲总是将自身理解为世界上所有历史发展阶段的最高峰。哲学属于欧洲在历史和世界上独一地位的表现之一，也就是有能力纯粹在思想中实现对于生活和世界意义之追问的回答。黑格尔以最清楚、最极端的方式提出了欧洲之独一性以及哲学在欧洲的立场，他以历史的方式全面地为此立场进行了论证。他尝试着说明，为什么世界上大部分地区最多只能算是哲学的史前史，比如中国、印度、近东和埃及，而有些地方则完全没有与哲学沾边，比如中亚、殖民化之前的南北美洲以及特别要提到的撒哈拉沙漠以南的非洲。[①] 他提出了如下问题，通常情况下那些地方的人

① 黑格尔：《历史中的理性》，约翰内斯·霍夫迈斯特（Johannes Hoffmeister）编，汉堡，1966 年，第 187—241 页。

是如何将他们时代的意识和思想特别清晰地变成概念的呢？启蒙运动中哲学上的欧洲中心论时至今日仍一再保持其统治性地位，在20世纪30年代海德格尔更是将之提升为一种德意志中心论。他为一种哲学上的新开端辩护，这个开端相当于希腊的起源，并且必须特别地被看作一种德意志的任务。按照海德格尔的观点，艾克哈特大师（Meister Eckhart）和雅科布·博梅（Jakob Böhme）、莱布尼茨（Leibniz）和康德（Kant）、谢林（Schelling）和荷尔德林（Hölderlin）都与此有所关联，这些思想家就像早期希腊哲学一样，总是不断地“返回到存有(Seyn)的根基之中”。[①] 在思想的晚期，他对非西方哲学采取了开放的态度，特别是与远东哲学的思想交流和对话。[②]

如果考虑到自身传统，就不会坚持欧洲哲学之独一性的命题了。就其起源而言，希腊哲学根本上已然受到来自东方先人的思想动机的影响，特别是受到奥

① 海德格尔：《欧洲和德意志哲学》，载H.H.甘德尔（H.H. Gander）编：《欧洲与哲学》，法兰克福，1993年，第31—41页。

② 海德格尔：《出自关于语言的对话。在一位日本人和一位提问者之间》，载于海德格尔：《通向语言之途》，普富林恩(Pfullingen)，1959年，第83—155页。

撒哈拉沙漠

尔弗斯神秘宗教以及更直接地受到埃及传统的影响。我们在这里只要重提对于贝尔纳的《黑色雅典娜》之命题的讨论就可发现（参见本书第四章），它不仅被理解为是非洲哲学的摇篮，而且也是欧洲的—西方的哲学之摇篮。①

在欧洲哲学以希腊为开端之后的历史中，我们可以看到，其实源于地中海地区的早期基督教教父学中也夹杂了北部非洲的一些因素。作为源自北非的这种基督教指向的哲学的代表，德尔图良（Tertullian）、奥利金（Origines）和奥古斯丁（Augustin）就是其中最著名的例子。在中世纪晚期，在欧洲的神学和哲学中就有了相当显著的伊斯兰教的影响。阿维森纳（Avicenna）的伊朗新柏拉图主义和阿维罗伊（Averrhoes）的阿拉伯亚里士多德主义，与古代希腊哲学在托马斯主义中的运用混合在一起。在这里常常未被注意到的是，对于阿维罗伊的思想而言，不仅有古典希腊哲学的背景，而且还有“阿尔—法拉比（alFarabi）的逻辑学和形而上学著作”的巨大影

---

① 马丁·贝尔纳：《黑色雅典娜。古典文明的亚非之根》，伦敦/新布伦瑞克，1987年。

响。这位哲学家还曾进一步钻研了古代希腊的政治哲学，按照他所受的学术训练，他属于大约在公元900年前后建立的“巴格达学派”。[①] 在启蒙运动之前的欧洲哲学中，从迈蒙尼德（Maimonides）[②] 到斯宾诺莎（Spinoza）的犹太思想中的特殊性也不应被遗忘。具有犹太血统的哲学家和犹太教信仰本身也参与了启蒙运动的发生和奠基过程，并起到了决定性的作用。在这个关联性中我们要提及摩西·门德尔松（Moses Mendelssohn）和所罗门·迈蒙（Salomon Maimon）[③]。

在启蒙运动时期之后，随着对印度和中国哲学文本的翻译和知名度的提升，认为欧洲哲学具有独一性的观点再度被突破。这种情形在18世纪就已开始，19世纪早期开始不断被强化。对德国来说，与此相关的，威廉·冯·洪堡（Wilhelm von Humboldt）和

---

①　米歇尔·利岑贝格（Michiel Leezenberg）：《伊斯兰哲学。一段历史》（*Islamitische filsosofie. Een geschiedenis*），阿姆斯特丹，2002年，第89—90页。

②　迈蒙尼德（1138—1204），中世纪著名的犹太教哲学家。——译者注

③　摩西·门德尔松（1729—1786）和所罗门·迈蒙（约1751—1800），都是德国的犹太哲学家和德国启蒙运动的领导者。——译者注

奥古斯特·威廉·梯克（August Wilhelm Tieck）的工作尤为重要。[①] 但是在这时所涉及的印度和中国哲学的文本，并没有被欧洲哲学家们真正严肃地对待。黑格尔对此的态度在根本上也是具有代表性的，他认为在《奥义书》（*Upanishaden*）和《薄伽梵歌》（*Bhagavadgita*）那里、在老子和孔子那里，涉及的都是哲学的前形式，而不真正地涉及公元前 4 世纪在希腊兴起的哲学。[②] 但是无论如何，从 19 世纪下半叶开始，在印度学（Indologie）和汉学（Sinologie）的领域内，都展开了一种将这些远东哲学与欧洲哲学进行比较研究的工作。然而对于那些专业哲学家的自身理解而言，这些比较研究始终是边缘性的。叔本华（Schopenhauer）和尼采（Nietzsche）出于某些思想动机和实践的行为方式，以佛教为基础对欧洲思想进行补充的事实，亦属此类情形。

---

① 原文如此，疑有笔误，此处应为奥古斯特·威廉·施莱格尔（August Wilhelm Schlegel）（1767—1845），德国诗人、翻译家和浪漫主义运动的领袖。梯克全名为 Johann Ludwig Tieck（1773—1853），是与施莱格尔同时代的诗人，编辑了施莱格尔翻译的莎士比亚作品。——译者注

② 黑格尔：《哲学史导论》，霍夫迈斯特编，汉堡，1966 年，第 227、232 页。

关于其他文化中哲学的知识——最先是在印度和中国的文化中、后来也有在日本文化中，这些知识并没有真正进入欧洲哲思活动的内部发生作用，它们并不是一个充分的步骤，通过这一步骤，欧洲的—西方的哲学再度面对非西方的文化及其哲学开放自身。这种情形一直持续到20世纪的下半叶，持续到对欧洲的—西方的哲学和远东哲学进行比较的研究被严肃地视作意义重大的哲学问题之时。因为在各种文化中占统治地位的宗教观念连带着也决定了哲思活动的风格形式，在这种情形中，普遍的宗教学和比较宗教学也为更好地理解哲学以及对各种哲学进行比较作出了贡献。① 文化人类学亦即民族学从大约1870年之后特别转向关注这些文化，此前它们一直将之定义为是“原始的”。② 然而它所秉持的

① 海尔穆特·冯·格拉森纳普（Helmuth von Glasenapp）：《五大世界宗教。印度教，佛教，中国普遍宗教，基督教，伊斯兰教》（*Die fünf Weltreligionen. Hinduismus, Buddhismus, Chinesischer Universismus, Christentum, Islam*），克劳兹林恩/慕尼黑（Kreuzlingen/München），1963年；格哈德·曼辛（Gerhard Mensching）：《世界宗教》，达姆施塔特（Darmstadt），1972年。

② 泰勒（E. B. Taylor）：《原始文化。对于神话、哲学、宗教、艺术和习俗发展的研究》，伦敦，1871年。

想法并不是各自去研究每种文化。在晚近时期，只要这些文化有哲学被蕴藏于宗教观念和礼俗之中，在此哲学的内容就会以间接的方式被表述出来。[①] 而当海德格尔与日本哲学家展开对话并且深入到老子思想之中时，对于西方和（远东）东方哲学的单纯比较，以及关于在普遍宗教学和文化人类学中哲学思想的间接表述，就都被超越了。超越了比较，在此形成了相互间的影响和繁殖。[②]

自第二次世界大战末期以来，也就是欧洲各民族对于世界上其他地区的殖民关系走向终结之后，在非洲出现了一场包含多个方面的关于非洲哲学的讨论。在这场争论中的重要问题有：是否存在着一般意义上的非洲哲学？在历史上和当代哪些思潮应当被关注？对于传统哲学思想之间的关联而言哪些来

---

① 威廉杜普雷（Wilhelm Dupré）：《原始文化中的宗教：一项部族哲学的研究》，海牙，1975 年。

② 海德格尔：《出自关于语言的对话》，载曹街京（K. K. Cho）：《海德格尔与向着本源的回返。关于他与老子相遇动机的调查》，迪特里希·帕朋福斯 / 奥托·波格勒（Dietrich Pappenfuss/Otto Pöggeler）编：《论海德格尔的哲学现实性》第三卷《在世界之镜中：语言，翻译，争论》，法兰克福，1992 年，第 299—324 页。

源是现成的？后殖民时代的非洲如何能够就其在历史和世界中的位置达成一种自身认识？关于非洲哲学之讨论的各个方面，上文已简短地交代了其必要内容。

非洲哲学在世界哲学之内的自我宣告，意味着欧洲的—西方的哲学和远东哲学之间区域性的比较必须要被拓展，并且可以期待在这一不断被拓展的过程中，不同文化之间的相互影响和彼此丰富。对于非洲以及世界其他区域的文化人类学的探索，比如对拉丁美洲和大洋洲，也会沿着其哲学意义的方向得到研究。在法国哲学中，这类研究受到了特别的关注。莫里斯·梅洛–庞蒂（Maurice Merleau-Ponty）在他的哲学人类学中处理了那些在与欧洲社会不同的风俗和习惯，比如加拿大和中美洲印第安民族的炫财冬宴（Potlatsch）[①] 以及在赠予礼物时的自我超越的状态。[②] 列维–施特劳斯（Claude Léve-

---

① 炫财冬宴（Potlatsch），也译为“冬季赠礼节”，是美洲印第安人冬季的第一个节日，在该节日人们彼此交换礼物，炫耀财富。——译者注

② 多维·蒂梅斯马（Douwe Tiemersma）：《论一种经由跨文化而拓展的经验和理性。梅洛–庞蒂论西方和非西方的哲学》，

Strauss）尝试指出，这些民族的风俗和习惯，当然首先还是它们的神话，都具有一种哲学的内涵，这种内涵必定与欧洲哲学、比如康德的先验哲学之间是可比较的且同等级的。关于这一点，体现在施特劳斯的《结构人类学》以及《野性的思维》，此外还有四卷本的《神话学》中。①

在这样一个得到拓展的哲学问题的视域内，最终有一个跨文化哲学的研究联合体被建构起来。在这个研究联合体中，中美和南美哲学很快就得到了呈现和表达，它是在与这些领域中流行的"解放神学"的关联中产生出来的。在"解放神学"这种非西方的哲学中，所涉及的是与西班牙和葡萄牙的早期殖民者的传统评价截然相反的思想，是一种拉丁美洲独特的自身理解。② 在这里，政治和社会正义性

载基姆勒编：《文化的多重性》（*Das Multiversum der Kulturen*），阿姆斯特丹 / 亚特兰大（Amsterdam/Atlanta），1996 年，第 31—55 页。

① 列维-施特劳斯：《结构人类学》，巴黎，1958 年；《野性的思维》，巴黎，1962 年；《神话学》，第 1—4 卷，巴黎，1964—1971 年。

② 劳尔·福奈特-贝唐考特（Raoúl Fornet-Betancourt）：《在文化入侵和跨文化之间的拉丁美洲哲学》，法兰克福，1997 年。

的问题，以及与世界范围内的贫困作斗争的问题占据了中心位置；传统的、今天仍然存在的出自这一区域的印第安哲学也逐渐进入了视野。① 值得注意的是“商谈伦理学与解放伦理学之间的对话计划”，在这个计划中，卡尔—奥托·阿佩尔（Karl-Otto Apel）和恩里克·杜塞尔（Enrique Dussel）② 在很多细节上相互间形成了对立。③

此外，在 20 世纪下半叶不同文化的融合和对立之中，以下任务被证明是急迫且必要的，即加快伊斯兰哲学被包含进跨文化哲学的研究工作之中。这种哲学具有漫长的历史，并且如前所述，在中世纪晚期已经影响了欧洲哲学和神学。阿拉伯的、伊朗的和奥斯曼帝国的思潮，特别是逊尼派和什叶派，常常处在相互间紧张乃至敌对的立场之中。苏菲派的逊尼派修教会有着强烈的神秘倾向，他们专注于克服这种紧

---

① 福奈特-贝唐考特（Fornet-Betancourt）编：《在全球化和自身文化权力之间的紧张区域中的贫穷》，法兰克福，1998 年。

② 恩里克·杜塞尔（1934—　），阿根廷裔墨西哥作家和哲学家。——译者注

③ 汉斯·谢尔克豪恩（Hans Schelkshorn）：《商讨与解放。对卡尔-奥托·阿佩尔和恩里克·杜塞尔的哲学伦理学的研究》，阿姆斯特丹 / 亚特兰大，1997 年。

张，其途径是致力于从理性考虑出发引出伊斯兰教的信仰内容，亦即赋予这种信仰一个理性的奠基。纳赛尔·阿布·扎伊德（Nasr Abu Zaid）出生于埃及，现在在莱顿（Leiden）任教，他尝试“重构古兰经中福音的语境”，并由此使教条化的和非历史的阐释失去效力。穆罕默德·阿尔肯（Mohammed Arkoun）出生于阿尔及利亚，在巴黎索邦大学接受教育，他试图通过指出伊斯兰教中人道主义的内涵，并以其指向“通过（批判性）认识取得的和平、进步、解放、正义”的努力为基础，来抗拒这种宗教中的激进主义势力。①

因此，自从非洲和拉丁美洲哲学兴起以及伊斯兰哲学被引入以来，跨文化哲学已经被看作是相对于特定区域内的哲学风格形式、不断生长的一种多样性的

---

① 参见利岑贝格（Leezenberg）：《伊斯兰哲学。一段历史》，阿姆斯特丹，2002 年，第 69—71 页；纳赛尔·阿布·扎伊德：《合乎古兰经的“正义”概念》，载《多极对话。跨文化哲学期刊》（*Polylog. Zeitschrift für interkulturelles Philosophieren*）2000 年第 6 期，第 40—52 页；阿尔肯转引自容·哈勒贝（Ron Haleber）编：《人道主义中的伊斯兰教。寻找穆罕默德·阿尔肯》，阿姆斯特丹，1992 年，第 1 页。（引文中括号里的内容是由本书作者海因兹·基姆勒添加的）

状态。[①] 除了远东哲学之外，非洲、拉美和伊斯兰哲学也是在其与欧洲的—西方的哲学关系中以及在它们相互间的关系中被考察的。这就要求一种继续深入的特殊化过程，在这个过程中，欧洲—东亚、欧洲—非洲、欧洲—拉丁美洲、欧洲—近东国家之间的关系以及逆向的关系都要被关注，还有非西方哲学相互之间的彼此关系也要被关注。对于这些关系中的每一种，都必须要求大量的特殊知识以及与之相应的特殊化的研究组织。这可能超出了当下的现状，即由欧洲的大学哲学认识到这种发展的重大意义并且在学院和职业政策中采取必要的措施。而从根本上看，欧洲启蒙哲学曾认为哲学在欧洲具有唯一性和独一性。这种理解毋宁说是插曲式的，它不能也不应当长久地支配大陆—欧洲的大学哲学的决断承担者的思考视野。

---

① 参见拉姆·阿德哈·玛尔（Ram Adhar Mall）：《文化比较中的哲学。跨文化哲学导论》，不来梅，1992 年；基姆勒：《跨文化哲学导论》，汉堡，2002 年；维默：《跨文化哲学。一个导论》，维也纳，2004 年；哈米德·雷扎·约瑟夫（Hamid Reza Yousefi）/ 拉姆·阿德哈·玛尔（Ram Adhar Mall）：《跨文化哲学的基本立场》（跨文化图书馆。卷一），诺德豪森（Nordhausen），2005 年。

在跨文化哲学的研究联合体中，还有一个更深层的特殊意义要被归于欧洲的—西方的哲学以及非洲的、更确切地说就是撒哈拉沙漠以南的非洲哲学之间的对话中。这一对话引领着我们超越了由不断增加的陌生感而形成的距离。[①] 在欧洲的—西方的哲学和撒哈拉沙漠以南的非洲哲学之间陌生感及其增加产生于：前者主要以书面的文献为依据，而后者千百年来主要是以口头的方式被实践和传承的。从非洲地区及其历史出发的角度为国际哲学讨论作出了重要的贡献，如果这一点能够被证明是有效的，那么人们就可以对世界上其他一些地区预设同样的情形，在那些地方主要遇到的同样也是口头形式的交流和传承哲学。哲学，包括比较哲学和跨文化哲学，都不能仅限于欧洲、仅限于东方和西方的比较，或者仅限于上文提及的跨文化哲学研究的多样形式，仿佛它主要就是以书面的来源和文献为依据的。

承认在撒哈拉沙漠以南的非洲哲学中，口头形式的交流和传承是优先的，就意味着承认书写特性不再

---

① 本哈德·瓦登费尔茨（Bernhard Waldenfels）：《陌生存在的增加程度》，载于瓦登费尔茨：《陌生者的拓扑学。对于陌生者现象学的研究》第一卷，法兰克福，1997 年，第 35—37 页。

是哲思活动的可能性和能力的决定性标准。由此，通往思想的大门就被推开了，对于每种文化而言都已有一种属于它的哲学被容纳其中。在这种思想的结论中，“有智慧的人”（homo sapiens）合乎本质地被规定为“哲学的人”（homo philosophicus）。当然，这一看法并不意味着在每种文化中的每种思想都要被认定为是哲学。关于哲学应当是什么，还是要坚持上文中概述的相关规定。这里所涉及的是，每种文化中的人都要借助思想的工具对其他文化和自然本身之中的相应情形作出校验。[①] 迪特·森哈斯（Dieter Senghaas）因此提出了以下命题：在历史进程中，文化会陷于与自身的冲突之中，在此情形中它必须进行自我反省。[②]

在主要以口头方式被实践和传承的哲学、比如在撒哈拉沙漠以南非洲的大多数传统哲学那里，需

① 基姆勒：《对哲学概念和哲学史的拓展和新的精确表达》，载于基姆勒：《跨文化哲学导论》，汉堡，2002 年，第 125—140 页。

② 迪特·森哈斯：《今日世界中的跨文化哲学》，载于森哈斯：《文明进程对抗意志。文化与自身的冲突》，法兰克福，1998 年，第 27—49 页。

要回答关于其传承形式和来源的问题——今天它们需要超越这种来源。这里的情况并不是说，在那些主要以口头方式交流的文化中，书面的符号根本无足轻重。在相应的历史共同体中也经常出现获得普遍认知的图像符号，这些符号在讨论的特定位置上、特别在哲学讨论中也被使用。[①] 类似符号中最广为人知的是所谓的记忆板（memory boards），通过被钉上去的珠子或者长条形的物体，一种特定的表述关联的结构被固定在这种板上。[②] 相反地，在主要以书面文献为基础的哲学中，那些口语化的要素，比如口头的报告、讨论或者教学交谈，扮演的也并非是无足轻重的角色。

与迄今为止文化学和哲学对于书写的理解不同，自从雅克·德里达（Jacques Derrida）在宽广得多的层面上将书写理解成“可阅读的痕迹”、而不再是具

① 莱蒙德·卡斯腾霍尔茨、莱内·沃格特（Raimund Kastenholz/Rainer Voigt）:《书写体系，非洲的》，载于 Mabe 编:《非洲百科全书》，斯图加特 / 乌泊塔尔（Wuppertal），2001 年，第 541—544 页。

② 沃尔夫冈·维克勒、乌塔赛伯特（Wolfgang Wickler/Uta Seibt）:《珠子的语言》，载于马贝（Mabe）编:《非洲百科全书》，斯图加特 / 乌泊塔尔，2001 年，第 491—492 页。

有特定含义的符号系统之后，人们也就不再可以谈论“无书写的文化”，这种说法总归是欧洲中心论思想的一种表达。因此德里达尝试着超越那个一直延续到列维-施特劳斯所谓的“卢梭的时代”。在卢梭那里，在口头的言谈和书写之间存在着一种等级差异，按照这种等级，言谈比书写要高级。列维-施特劳斯也认识到了这样一种差异，尽管他遵循的是一种相反的级别秩序。但在德里达看来，口头的言说和书写地位上是平等的，并且也是同等原初的。自此，熟知并掌握书写的文化与无文字的文化之间的对立是经不起推敲的。①

---

① 雅克·德里达：《文字学》，法兰克福，1974年，第130—170、187—207页；基姆勒：《非洲口述传统中的哲学文本。口述和文本的对抗以及差异的政治》，载于基姆勒编：《哲学与民主》，第43—56页。

第八章

对话：跨文化哲学研究的形式①

在跨文化哲学的理论和实践中，对话的交流形式已被证明是有用的和适宜的。从迄今为止的实施形式来看，跨文化哲学就是对话哲学。这里追求的是所有文化的哲学之间的对话。只有当所有文化的哲学都参

① 在本章节中笔者使用了一篇同题的文章，此文发表于：伊里斯·代尔曼、斯伐菲·霍布斯、乌尔里希·洛尔克（Iris Därmann/Steffi Hobuss/Ulrich Lölke）编：《转换。民族学和跨文化视野下的陌生经验》，阿姆斯特丹/纽约，2004 年，第 191—209 页。后经增补此文又以《论作为对话宽容之基础的敬重的优先性》为题再度于以下文集中出版：哈米德·雷扎·约瑟夫/克劳斯·费舍尔（Hamid Reza Yousefi/Klaus Fischer）编：《跨文化导向。对话宽容的基础》第二部分《应用的跨文化性》，诺德豪森（Nordhausen），2004 年，第 49—68 页。

与进这场对话或者至少能够参与这场对话时，人们才可以真正谈论跨文化哲学。这就说明了，将哲学概念限定在西方哲学或者西方和东方的哲学之中，是不适当的，每一种文化都具有一种与之相适应的哲学。

在这个方面，跨文化哲学就与长久以来已存在的比较哲学区分开了。在哲学范围内的比较哲学研究，涉及的是西方和东方哲学之间的比较。印度哲学、中国哲学以及晚近时期的日本哲学都属于东方哲学。这种致力于比较的哲学通常会关注一种方法上和地理上的界限。从方法上看，单纯的比较与哲思的活动并不相称。不同的哲学总是以批判的方式以及/或者互补的方式相互间发生影响。如果只关注地理上的划界，那么就无法说明为什么在欧洲和所谓的远东国家会存在哲学，而在地球上其他地域则没有。①

比较哲学对于西方和东方哲学之外的其他哲学也是开放的，比利时汉学家和哲学家乌尔里希·利伯莱希特（Ulrich Libbrecht）的“比较模式”就是关于比较哲学的一种表述。这位作者想将所有其他可能的哲

① 基姆勒：《跨文化哲学导论》，汉堡，2002年，第72—77页。

学都写进中国哲学、印度哲学和欧洲的—西方的哲学构成的紧张区域之中。他这样自我陈述他的“出发点”：“一视同仁地对待所有具有被书写的历史的文化”。[①] 然而通过这个出发点就形成了一个无法为自身辩护的界限。认为哲学只存在于“具有被书写的历史的文化”之中，到底谁会这样说呢？在这个问题中，撒哈拉沙漠以南的非洲哲学在某种意义上构成了一个可供测试的例子。非洲大陆的哲学主要是以口头传承为基础的，最近大约五十年以来，这个大陆上的哲学也在国际哲学讨论中获得了承认。

如果我们真正严肃地对待并承认位于撒哈拉沙漠以南的非洲哲学，那么利伯莱希特所说的界限就是陈腐过时的。撒哈拉沙漠以南的非洲文化空间中，在殖民化之前，几乎毫无例外地不存在主要以书写形式进行的交流和传承。尽管如此，非洲哲学还是在组织上和内容上介入了世界哲学的背景之中。在众多文化中存在着主要以口头形式交流和传承的哲学，通过承认这种哲学的现实存在，一个重要的方法上的步骤得以

---

① 参见乌尔里希·利伯莱希特：《比较哲学导论》第一卷《设计和开发一个比较的模式》，埃森(Assen)，1995 年，第 16 页；第二卷《比较模型中的诸文化》，埃森（Assen），1999 年。

第 16 届世界哲学大会举办地德国杜塞尔多夫

完成。就像我们已经看到的，这个步骤意味着无须再追问这样的问题：为什么哲学没有被赋予所有人类文化，然后这些文化才有权得到“一视同仁的对待”。

在西方哲学传统内部，我们可以指出的是苏格拉底，他将对话的哲学方式引入这个传统，而他自己并不书写。通过这个方式，在某种程度上可以说，他在两个层面上对我们的话题影响重大。在他那里，对话的哲思行动和主要以口头形式的交流看起来根本上是属于一个整体的。与此同时，书写也不应该贬值或者被驱逐到次要的地位。对于整体上的文化发展以及对于哲学而言，书写的意义是毋庸置疑的。在其他文化中对话原则的意义也决不应该被低估，比如在印度的《奥义书》中。倒不如这样说，在西方传统的范围内，苏格拉底的思想是为数不多的对话式哲思的情形之一。

如果对话、并且是所有文化中哲学之间的对话被证明是跨文化哲学适当的施展形式，那么从西方立场出发，柏拉图的回溯以及以苏格拉底发起的对话为目标，长远来看是有益的。这将成为接下来一系列继续深入的问题的开端：哪些方面属于跨文化哲学对话？它们通过什么被定义为对话？在这个或另外的对话中参与者相互间的关系是如何被规定的？对此，宽容的概念在何种程度上是适当的或者足够的？尊重或者敬重这样的概念难道不应该是更适当的吗？

历史上的苏格拉底是一位从未书写的哲学家。大约 2400 年前，他在雅典的市场上发起了哲学的对话，特别是与美貌的青年男子对话。关于他的这些说法在历史上是可靠的，而且也是广为人知的。在西方哲学史上深入人心的苏格拉底的形象就是由柏拉图在以书面形式记录的对话中造就的，而这些对话大多数时候是借苏格拉底之口表述柏拉图的哲学观点。由此出发，柏拉图以对话的形式记录自己的哲学观点，大约是因为他想尝试着由此将他的老师苏格拉底的哲思方式变成正当的。

在这里还应简略地描述一下在这些对话中对话参与者相互之间的关系。这里所围绕的并不是一种师生关系，而是一种共同寻求真理的关系。苏格拉底与被他提问的青年之间的爱慕关系常常得到升华。在对话中每每会发生一种"反转"，就是说，苏格拉底总是一再地在对话情势中取消自身以及他的优势地位，他所凭借的乃是以下方法，即已获得的知识不是他自己的，而是由对话参与者带来的并且与对话的推进过程联系在一起。因此所有人原则上都是平等的，都要参与到对知识的探求中去。

在这种发起对话的样式中，人们可以看到对于现存的权力关系的最小化。苏格拉底尝试着将对话参与者置于与他相同的等级上，当他以这种方式发起对话时，人们就可以称之为一种宽容的态度。因为即便有一种无法磨灭的差别保留在具体的能力之中，但这种平等性依然得以形成。苏格拉底通过对话过程中一种极端的反转制造了这种服务于共同目标、服务于对知识的探求的平等性，因此这么说可能就是适当的：苏格拉底尊重他的对话参与者。因为如果没有他们的贡献、没有他们在对话中所扮演的这些特殊角色，那个共同的目标就不可能被达到。平等的等级关系和不同的角色之混合，引发了一种紧张，这种紧张使对话成为它原本所是的样子。

如果我们只考虑到，在苏格拉底的对话过程中发生了一个转化，即苏格拉底和青年之间的爱慕关系被转化成对真理的爱、对共同探求知识的爱，那么尊重（Respekt）这个概念可能还没有被真正切中。因为他也强调距离，强调在等级上平等的人们之间冷酷的距离。在笔者看来，康德的敬重（Achtung）概念特别适合于刻画这种关系。通过这个概念，这种关系合乎情感的方面得到了更好的表达。在伊曼纽尔·康德那里，敬重是一种情感，伴随着一种纯粹立足于理性的态度。然而在他那里，这种情感所指向的并不是作为对话参与者或者无论什么东西的他者，而是指向习俗法则。它本身将会成为道德行动的“推动力”，除了敬重之外，道德行动恰好不能通过任何情感或者兴趣被激发。那种以理性方式被奠基的好感是通过对于习俗法则的敬重或者绝对命令被表达的，在康德那里，这种好感是唯一的可以被视为道德行动之激发动机的情感。① 笔者的印象是，在对话过程中，在苏格拉底和他的对话参与者之间，从好感和爱中产生出了这样一种理性情感意义上的敬重。

我们从迄今所谈的关于跨文化哲学对话的实践和对苏格拉底对话过程的了解出发，会发现这一过程中一些方面得到了规定，这些方面都可以在对话中论及。此外，还有一种特殊的注意力被投向对话的跨文化性质。首要或者主要方面就是被追求的平等性和差

---

①　康德：《实践理性批判》(1788)，收于《康德著作集》第五卷，科学院版，柏林，1968 年，第 71—89 页。

苏格拉底像

异性同时实现。

只有当在对话参与者那里平等性和差异性被预先设定了之后，对话才能实现。因此这就被称为对话的基本条件。一方面，只有当这些参与者在等级上都是平等的，或者尝试着从根本上赋予对于知识的共同寻求一种尽可能多的平等性时；而另一方面，只有当他们在对话中的角色以及他们的观点都各不相同时，才会形成一场对话。

苏格拉底的例子说明了，通过宽容的概念，对话参与者相互间的这种关系并没有完全贴切地规定。毫无疑问，不宽容会阻碍任何形式的对话。就这点而言，在这里宽容无论如何都比不宽容要好。但是这是否足够去说明，对话的参与者们彼此间要保持宽容呢？难道宽容不是无论如何始终预设了一种相对高阶的关系？这种关系是相对于接受较低位置之物而言的。如果不将前者较高的位置付诸应用，对之的预备就应当是宽容。换句话说，如果要称之为是宽容的，那么就要像对待平等之物那样对待位置较低之物，尽管实际上它不是如此。

赫伯特·马尔库塞（Herbert Marcuse）已指明了这一点：宽容可以与一种自由主义的“强制”理论联

系在一起。他分析了，在一个被理解为自由的国家里以及在一个“进步的工业社会”的时代里，少数人面对多数人时坚持其追求、“改变整体自身”的可能性。按照马尔库塞的表述，人们面对这些少数派一定会“允许、进行衡量并且讨论，言谈并聚集”。这种情形可以被评价是一种关于宽容的表达。然而这些少数派“面对具有压倒性优势的、抗拒一种质上的社会变革的多数派，表现为善意且无助”。少数派这种改变的意愿在如下情形中消失无形：多数派在某种程度上让这种意愿落了空。因此宽容的立场会成为强制的工具，在这里也就是导致了对少数派政治行动可能性之效果的终止。①

马尔库塞的分析所指向的是西方世界的内在社会关系，这一分析也可以借用到工业国家和工业尚不发达国家之间的关系上。在这里重要的是，工业国家为它们的“成员”预先确定了游戏空间，在其中它们可以作出它们自身的贡献，去规定这些国家之间的关

① 赫伯特·马尔库塞：《强制的宽容》，载于罗伯特·保罗·沃尔夫、巴灵顿·莫尔、赫伯特·马尔库塞（Robert Paul Wolft/Barrington Moore / Herbert Marcuse）编：《纯粹宽容批制》，法兰克福，1965，第91—128页。

系。民主的西方形态包含了多个政党以及基于多数派基础的决断，这种民主形式和自由市场经济的西方形式共同构成了一个信条，或者在相当长时间内已然构成了这样一个信条，工业尚不发达国家都以此信条为发展方向。如果工业国家的这一立场获得了一般意义上的宽容之名，那么在此涉及的就是“强制的宽容”。

宗教间的相互交流，按照其独特的自我理解，也以对话的方式进行，因此对于这种交流也要研究如下问题：即在何种程度上它是基于宽容的基础发生的，以及这种基础是否有承担的能力。在传统上看，宗教之间的关系是由于绝对性的要求而背上了重负，这种要求使很多宗教自以为是。就像我们知道的那样，这一点在历史上所导致的就是，所有战争中占有压倒性多数的都曾是且正是宗教战争。针对这一情况，在较晚近时期就出现了尝试着在基督教各教派间进行沟连贯通的尘世运动，以及各宗教为了世界和平作出的多种努力。就像天主教神学家汉斯·昆（Hans Küng）所说的那样，显示出“宗教的双重面孔”。[1] 如果一位

① 汉斯·昆：《世界伦理计划》，慕尼黑/苏黎世，1990年，第98—103页；下一段可参看第159—160页。

基督徒和一位佛教徒、一位犹太教徒和一位穆斯林，或者一位印度教徒和一位道教的信徒想要相互间展开对话，那么他们彼此间仅仅保持宽容还是不够的。即便他们不放弃他们的绝对性要求，即每个人都认为只有唯一的真正的宗教，他们也必须放弃想让对方改变信仰的意愿。

如果我们转而关注撒哈拉沙漠以南的非洲，那么汉斯·昆在他的著作《世界伦理计划》中给出的关于“伟大宗教的流域系统”总归是要被扩展到万物有灵论，它对“地球上文化风景”的意义尚没有被掌握。在这里，撒哈拉沙漠以南的非洲也是那些未掌握主要以书写形式交流和传承的文化的范例，但是也许就是由此出发，自然和人类世界中的所有事物才被赋予灵魂或者能够成为灵魂的居所。那些与万物有灵论相对的所谓伟大的世界宗教的立场，只是缓慢地行进在从不宽容到宽容的道路上，并且只有在宽容的最初开端才实现了尊重中的真正平等。面对每一种类似于爱的理性化情感，从尊重到敬重的步骤必须要在未来被期待。

有一个题为《通往未来之桥》的宣言，它是在联合国前秘书长科菲·安南（Kofi Annan）的倡议下拟定的，还有包括汉斯·昆都在内的很多其他人参与其中。在这个宣言中有以下值得注意的段落："对于即将到来的新世纪，基督教和犹太教，伊斯兰教和希腊哲学还会继续成为智慧的重要源泉。其他的生命之路，比如印度教、耆那教、儒教和道教，在当代同样充满生命力，并且在未来无疑也会继续发展繁荣。在此基础上，知识分子以及政治家已经认识到，隐藏的灵性形式，比如在非洲大陆、在神道教中、在毛利人那里、在波利尼西亚人那里、在美洲的原住民那里、在因纽特人那里、在中美洲人那里、在安第斯山脉和夏威夷的原住民那里，同样都是'地球村'的灵感源泉。"①

我们注意到，在这个文本中，从西方世界中的"智慧的重要源泉"出发，经由远东国家的"其他生命之路"，以及在其中同样可以找到"灵感源泉"的一系列其他国家，这个历程中存在着一个值得注意的落差。那些主要以口头形式交流和传承并且很大程度上持万物有灵论的国家，被算作是既麻烦又粗拙的。

① 《通往未来之桥。文化对话宣言》，科菲·安南提倡发起，出自考赫曼（K. Kochmann）和席克特（H. Schickert）的英译，法兰克福，2001 年，第 51 页。

然而值得注意的是，在这里万物有灵论第一次以“隐藏的灵性形式”之名与那些西方的、东方的以及远东的世界区域中所谓的伟大宗教一道被列举。这至少是一种面对此种宗教抱有的宽容态度的表达，这种宗教并不仅仅是按照其信众的数量才被算作伟大的世界宗教的。

在撒哈拉沙漠以南的非洲，特别是在南非，有一个更进一步的宽容步骤朝着敬重的方向去努力，在此人们所致力于的是在神学层面上，一方面严肃对待基督教和伊斯兰教之间数量众多的混合；另一方面也严肃对待本土的万物有灵论宗教，并且以肯定的眼光看待万物有灵论加入到这种融合的信仰方式之中。南非的神学家格里特·布兰德（Gerrit Brand）来自布尔人（Bure）的居民族群[①]，他在他的文章《非洲基督教神学中的拯救：存在路径的一个类型》提及了来自非洲和西方作者的数量众多的著作，这些著作论述了解放神学或者“黑色神学”和“本土化的神学”，以及二者之间对立的克服。由此可见，非洲基督教神学对

① 布尔人，是对居住在南非的荷兰、法国和德国白人移民后裔组成的混合民族的称呼，来源于荷兰语“Boer”（农民）一词。现在官方称为阿非利卡人。——译者注

于惯常的非洲思想意义的一种肯定性批判的尊敬已经具备了基础。[①]

对话由此形成，除了平等和差异，还有关于对话议题的某种前理解的预先设定。人们也可以更为谨慎地如此表达：一个被设定的对话议题在参与者那里必定会产生某种共鸣，这种共鸣无须以必然的方式在内容上有更深入的清晰表达。当对话开始时，尽管它设定了某些规则，但是并不是在一个外在的合乎程序的意义上与之连结在一起的。倒不如说这是礼貌性的规则，它并没有排除一种本能的行动和反应。而且重要的是，搞清楚哪些对话的形式大多数时候会承诺获取知识的希望。对话参与者首先以对话所涉及之事为方向。在某种意义上，对话就是"居间"(Zwischen)，它将参与者们连结到一起，并且让他们在其立场上也保持自由。

马丁·布伯（Martin Buber）在他关于对话原则的论著中对于这种"居间"做了极为透彻的分析。在

---

① 格里特·布兰德：《非洲基督教神学中的拯救：存在路径的一个类型》，载于《交换》23,8,1999年，第193—223页；《非洲基督教神学中的巫术和灵魂信仰》，载于《交换》31,1,2002年，第36—50页。

他看来，这里所涉及的是我与你的对话，对话通过处于两者之间的一个组织存在（Instanz）得以传达。这个组织存在是不可被支配的，而它所引起的相遇过程被参与者经验为一次馈赠。[①] 在这里作为议题被特别关注的跨文化对话，一般而言有更多的个体会参与其中。相应地，居间也会有一些不同的样式，有别于我与你的相遇。它可能并没有深入人心，或许也不够强化。更进一步，我们有意识地在多数的形式中谈及对话，或者如弗朗茨·马丁·维默（Franz Martin Wimmer）所谈及的一种"多极对话"（Polylog），因为跨文化交流要求一种多样化的"对话原则"且能够经常重复地运用。[②]

然而不可避免的是，在这种类型的对话中，权力立场还是会参与进来，这种权力立场以参与者的年龄、力量和权限为基础，它还具有亚里士多德所言的更强论证的"非强制的强制"的特点。当然在对话中可以并且应该尽可能多地去论证。人们可以犯错，人

---

① 马丁·布伯：《对话的原则》，海德堡，1984 年，第 5 版。

② 维默：《哲学思想中多种传统的多极对话》，载于玛尔、诺特克·施耐德（Mall/Notker Schneider）编：《跨文化视角下的伦理学与政治》，阿姆斯特丹 / 亚特兰大，1996 年，第 39—54 页。

们可能会感到羞愧，但不能去中断对话。在一场主持者具有压倒性优势的讨论或者常见理解的引导者面前，个人的观点不必进行自我辩护。汉斯—格奥尔格·伽达默尔（Hans Georg Gadamer）曾经说过："如果有人根本上意指某物，那么他也总是在意指某种正确的东西"。因此，一场对话的结果并不是以一个或者另一个参与者的优势立场为基础的。它也不能被描述为是参与者的"视域融合"，正如伽达默尔所描述的那样。① 在柏拉图的对话中人们可以读出，对话的结果是在对话的实施过程中显现出来的。

一般而言，对所期待结果的保持开放性，就要求在所有对话中都要将不同的权力立场最小化。这一点在以对事态进行共同澄清为目标的哲学对话中完全是可能的，并且在跨文化哲学对话中是一定可以被实践的。由于上文提到过的对话的特性、特别是哲学对话，因此对话的这个方面具有一种直接的政治后果。它包含了对政治和经济、科学技术等其他形式的交流要求，这些形式更为强烈地从已存在的权力关系中出

① 伽达默尔：《真理与方法。哲学解释学的基本特征》，图宾根，1961 年，第 359—360 页。

发，将之变得更具对话的特性。人们也可以说，对话构建了一个对立结构，针对的是更集中地基于权力差异的交流形式。

在对话中总是存在一些无法理解的因素，这一点正是对话、也是跨文化对话之开放性的表现。当一场对话可能失败时，它才是它所是的样子。重要的是，即便我在自己的理解视域中无法接受他者的观点，但是我仍使之有效。这种“使之有效”是以对投入对话情势中的伙伴的信任为基础的。这是关于敬重的表达，对话伙伴相互间都能感受到这种敬重，它进一步发展成一种宽容的立场，并且也成为一种经过深思熟虑保持在距离之上的一种尊重的立场。然而尊重和敬重也有一个界限，这个界限是从它们自身的本质中得出的：只有那些尊重和敬重他人的人，才应该得到尊重和敬重。

最后必须要指出的是，对话的交流形式是一种进入跨文化哲学的可能性，这种哲学是由欧洲的—西方的方面所设想和提供的。在此同时要说明的是，当其他交流形式被证明为是适当的，那么在对话中就包含着向其他交流形式过渡的开放性。在这里要再次指出并求教于东方传统中的哲思道路，特别是要注意佛教哲学中那种“脱语言的倾向”。但是在这个关联整体中所涉及的也并非是沉浸到“沉默”之中，而是强调言说的一种“协议特性”(konventionalität)。在西方的观点中与之相对应的是对“不可说”之差异的关注，这种关注在神秘论传统以及当代一些作者例如汉斯—格奥尔格·伽达默尔、路德维希·维特根斯坦(Ludwig Wittgenstein)、雅克·拉康（Jacques Lacan）或者雅克·德里达那里都可以被找到。① 它并不构成通往对话的抉择。伽达默尔更多的是恰好通过这种认识关注到“柏拉图的对话艺术”，这种艺术“始终指向开放之物”。②

一种关于无休止的对话形式以及非洲共同体中姆邦齐(Mbongi)③ 的对话形式的提示在这里是有用的。厄尔内斯特·瓦姆巴·迪亚·瓦姆巴提出这种对话形式，将之作为与西方民主中议会辩论相对的非洲形

① 延斯·石里特尔（Jens Schlieter）:《语言化—脱语言化。对于语言在欧洲和佛教思想中哲学地位的研究》，科隆，2000年，第276—279页。

② 引文出自2001年1月伽达默尔致笔者的一封信。

③ 姆邦齐（Mbongi）一词来自于刚果语言，意指讨论圈、学习圈。——译者注

式。一个共同体中的所有成员都参与其中，并不是无差别的，但是都是平等的。每一位成员必须阐述他的立场，交谈会一直持续，直至达成一致。在这些对话形式中人们可以看到多极对话（Polylog）的一种模式，也就是说有多个参与者加入到对话之中。对于一致性的追求基于以下条件：作出一个政治决断时，少数人并非必须服从多数人的政治意志。[①] 从西方的角度出发，对于这一点的思考首先要考虑政治对话和辩论，目的是认识到西方民主中决断形成过程中的缺点，并且在有可能时消除这些缺点。

不仅在跨文化哲学对话中，而且在一般对话中这一点都是重要的：参与对话的人在理想情形中都是以身体的方式在场的。在这里已有多种多样的交流以“前语言的方式”发生。对话参与者的面孔（Antlitz）使他本人具有了资格。在这里就要提到伊曼纽尔·列维纳斯（Emmanuel Levinas），他在他者面孔暴露的显现中看到了“他者可靠的痕迹”。与他者面孔的相遇要先于关于世界秩序的任何一种学说，并且获得了

① 厄尔内斯物·瓦姆巴·迪亚·瓦姆巴：《超越非洲精英民主政治》，载于《探索。国际非洲哲学期刊》VI，1992年第1期。

越来越多的非洲国家正在形成共同体，促进对话发展

一种直接的伦理意义上的召唤。“这是一种态度，它不能回溯到范畴之上。责任无法被摆脱，没有人们回归于自身的内在藏匿之处，向前行不必顾及自身”，这就是这种相遇要求达到的境界。对话参与者身体在场的意义在这里被揭示出来。在对话不可能展开之处，展示他者或者众多他者的面孔可能会有帮助，通过他者对话会被寻求。[①]

当他者的目光落到某人身上时，在此基础上就有可能作出不同的回应。对话同伴的目光可能以肯定的方式相交、相互间保持冷漠或者彼此回避。让-保罗·萨特（Jean-Paul Sartre）指出了，我并不仅仅将“主体—他者”视为客体，这个“主体—他者”在现象学和存在论上通过“持久的可能性”被给予我，通过它而“被看到”。但是像我会把他者首先看作“客体—他者”、看作人这个类属中的一个他者样本一样，他看我也不仅仅作为“主体—他者”，而是以客体化的方式看。在萨特看来，这就

① 伊曼纽尔·列维纳斯：《他者的痕迹。关于现象学和社会哲学的研究》，尼古劳斯·克雷瓦尼（Nicolaus Krewani）翻译和编辑，弗赖堡/慕尼黑，1983年，第225—235页；也可参见后一个段落。

是羞耻现象的原因。“羞耻……是对于以下情形的承认：我真正地就是这个他人看着并作出判断的客体。”而如果我将自身经验视为被瞥见的“主体—他者”，那么按照萨特的论述，“他者的一种世界彼岸的在场”就会围绕着我得以实现，相似的情况列维纳斯也曾描述过。①

然而列维纳斯认为，在这里萨特“过早地结束了分析”，因为他强调的主要是“主体—他者的暴力形式的在场”②，而不能说出他者在伦理意义上对我意味着什么。在对话的情形中，特别是当它涉及要去克服由于文化而不断上升的陌生感时，列维纳斯的思想就特别会有帮助。但是，通过萨特注意到经由客体化的目光而产生出来的困难，这无疑也是有意义的。在萨特看来，人们也能够“超越客体化的目光并且重新获得他自身存在的主体性”。在此他强调说，“我的自身性面对着他者以及面对着我的他者之自身性，其条件

① 萨特：《存在与虚无。一门现象学存在论的尝试》，汉堡，1991 年，第 463、471、485 页。

② 莱因哈德·奥尚斯基（Reinhard Olschanski）：《歧视的现象学。让-保罗·萨特的交互主体性思想研究》，博登海姆（Bodenheim），1997 年，第 76—82 页。

就是我的客体之我……”。[①] 人们可以将之看作关于单向地指向自我的主体之表达，这种表达对于对话并无推动作用。

除了目光接触之外，还有一系列其他的多重感官交互关系。姿势和音调就属于其中，它们伴随着通过语言进行的对话并且在相互理解的过程中发挥了作用。它们吸引了注意力并且传达了所说内容中的情感成分，这些成分可能是非常重要的。在这里我们借助于一些现象来处理此问题，伯梅兄弟（Gebrüder Böhme）在他们具有指导性的著作《理性的他者》中提及了这些现象。而在这本著作中我们也体验到，只有当我们求助于弗洛伊德的心理分析时，所说内容的情感成分才能真正地得到说明。按照此种方式就应当准备一种不同的、后康德的“哲学构想”，一种“关于自然、身体和想象力的新哲学”。[②]

---

① 奥尚斯基：《歧视的现象学。让-保罗·萨特的交互主体性思想研究》，博登海姆（Bodenheim），1997 年，第 83—85 页，萨特：《存在与虚无。一门现象学存在论的尝试》，汉堡，1991 年，第 511 页。

② 哈特穆特·伯梅（Hartmut Böhme）和格诺特·伯梅（Gernot Böhme）：《理性的他者。以康德为例论理性结构的发展》，法兰克福，1983 年，第 24 页。

按照伽达默尔的观点，我们在这个关联整体中还必须要追溯修辞学这门学科，这门学科由于柏拉图的批判而变得声名狼藉。言谈如何具有说服力，针对这个问题，修辞学指出了条件、途径和道路。它可以搞清楚，如何使所说的内容更加突出，由此提升它的效用。在这一点上它所处理的可以说是一种贯穿了对话的权力关系。此外，柏拉图批判性的推动也不应丢失。修辞学，如果它得到了正确的理解，就是与"通过言谈权力施行的意识魔法"的斗争。在这里，如果修辞学服务于"揭示'经由语言的欺骗'"，[①] 那么它就与意识形态批判非常相似。

在哲学对话中某些相关知识的呈现，也涉及对话的参与者。没有人能够仅仅从自身中取得这种作为整体的知识。当某些人相互间言说时，他们将这种知识呈现出来。他们自身言说了一些内容，这些内容并非其中的每一个人都能够言说。对于每一个对话参与者而言，只要他们同样都是他者并且从不同的前提和关注方式出发去言说，那么每一位他

① 伽达默尔：《修辞学，解释学和意识形态批判。对于〈真理与方法〉的元批判阐释》，收于《解释学》第二卷《〈真理与方法〉补充》，图宾根，1986 年，第 232—250 页。

者要说什么，最终是无法预期的。如果他者/他者们来自于一种不同的文化，那么这种无法预期的程度就更高。

就像上文中提到过的，本哈德·瓦登费尔茨在他的《陌生者的拓扑学》中强调，存在着"陌生存在的增加程度"，在其中那些源于陌生文化背景的现象扮演了重要的角色。"结构化的陌生性"继续发展成为"日常的和规范的陌生性"，并且可以以"跨文化的表达差异"为基础。非洲在世界哲学背景中的意义通过文化间不断增加的陌生性而得到了规定，在这些文化中总是有交流和传承的口头或者书写形式占据上风。那种结构化的陌生性还要被"极端的陌生性"所超越，后者"迫使我们面对如下事件，这些事件不仅对特定的解释提出疑问，而且对单纯的（就是说，原则上每一个）'解释可能性'也提出了疑问"。[①] 赫尔弗里德·明克勒（Herfried Mükler）和本德·拉德维希（Bernd Ladewig）二人在为他们和卡琳·梅斯林格（Karin Meßlinger）共同主编的《陌生者的挑战》

① 本哈德·瓦登费尔茨：《陌生者的拓扑学。对于陌生者现象学的研究》第一卷，法兰克福，1997年，第35—37页。（引文中括号里的内容是由本书作者海因兹·基姆勒所添加的）

一书所做的导言中也做了相似的论证。他们得出的结论是："陌生性是可以分等级的"，陌生性的等级可以被归于"理解的特定等级"。除此之外，在极端情况下可能还会形成"最终的陌生性"，即便这种陌生性在我们正在一体化的全球文化中"很少，但不是完全没有可能形成"。①

因此，对于特殊方式下的跨文化哲学对话，我们可以从以下情形出发：他者/他者们告诉我某些我无法告诉自己的内容，因此，这种类型的对话就有理由预期获得一种完全特殊的、特别的认识。而对于今天世界所面临问题的解决，我们可能需要这样的认识。关于地球上资源的合理分配的问题，至今还没有具有说服力的或者可应用的解决建议；关于对核裂变释放的巨大能量的适当的对待方式，也还没有找到或者引入可靠的规则；对于人类可遗传物质的影响，其界限也还不可确定且不可正确地实施。这些和那些迄今未被解决的问题都有决定性的哲学维度。为了接近对于这些问题的解决，所

① 赫尔弗里德·明克勒（Herfried Münkler）、本德·拉德维希（Bernd Ladewig）：《导言》，载于 H. 明克勒、K. 梅斯林格、B. 拉德维希编：《陌生者的挑战》，柏林，1998 年，第 12—23 页。

有的可能性必须被尝试，肯定也包括跨文化的哲学对话。

笔者打算从“关于民主和法治国家的商谈理论观点的基本假设”中，通过它们普遍主义的前提以及由此得出的“他者的介入”，[①] 从而提取出这个跨文化哲学的出发点。在交往行动理论中，尤尔根·哈贝马斯（Jürgen Habermas）就已经以一种普遍性的组织为基础，但并不是一种内容上确定的理性组织，而是一种“程序理性”的组织。没有人可以回避理性论证的有效性要求，因为从事这类尝试必须自身服务于理性论证。[②] 在对某些基本概念进行规定的过程中的“转折点”上，“在道德和权利理论中”导向了一种普遍主义，而按照哈贝马斯的观点，这种普遍主义“对于差异保持了高度敏感性”。

哈贝马斯想要指出，从他的基本概念的前提出发，“对每个人的同样的尊重……不（只）包括同类，而且也包括作为他者的他者之人”。然而他坚持如下

① 尤尔根·哈贝马斯：《他者的介入。政治理论研究》，法兰克福，1997 年，第 7—9 页，也可参看下文。

② 哈贝马斯：《交往行动理论》第一卷《行动理性和社会的理性化》，法兰克福，1981 年，第 44—71 页。

命题：他者是以普遍有效的共和政体—民主的法治国家的基础和途径为基础，去阐明表达他的异类特性的，因为这样的国家应当是建立在通过理性论证作出决断的基本原则之基础上的。因此他想迎接“多元文化主义的挑战”。然而这个想法并没有使他者在他的异类特性中成为正当的。它导致的后果是，我规定了他者，他者与我一道去分有同样的理性论证方式。接下来他就不能告诉我某些东西，作为理性论证的存在者，我也不能告诉自己这些东西。与此相对地，我想要坚持如下观点：在一种极端的或者至少结构化的意义上与他者的对话中总是会有所不同的，并且会告诉我某些东西，我不能最后从我自身的论证前提出发去找到这些东西。在跨文化哲学对话实施过程中，那些从欧洲的—西方的哲学视角出发的极端的他者就是这样一些文化的成员，它们不熟悉主要以口头方式进行的交流和传承，这里我们已经以传统的撒哈拉沙漠以南的非洲文化为例说明了这种情况。

值得注意的是，哈贝马斯谈到了对于他者的“尊重”，更准确地说是“对于每个人同样的尊重”。在他的规划领域内，我所关注的宽容应当是充分的。因为他者只能将他的异类性质置于由我提出的有效条件之下：他是在理性论证的方式下做此事的，这也是我的方式。这一点也已显露了关于“对于每个人同样的尊重”的表达，这种表达尝试着将每一个他者与我自身等同起来，或者至少将他者与我所偏好的理性论证的方式等同起来。对于他者的尊重，以及对于他者适当的敬重，预设了比开放性更多的内容，而我们认为这种开放性是对话中的一个根本性的方面。

结　语：
不同文化中哲学的集聚与分歧

当非洲哲学被承认为是世界哲学的一个部分、并且作为参与者，参与到与其他文化中哲学的跨文化对话之中时，欧洲的—西方的哲学传统的中哲学概念就被拓展了。非洲哲学的特殊风格，使它朝向实践—政治和伦理问题的特殊指向，它重点处理的独特话题，例如关于存在理解的问题、真理概念问题、个体与群体之关系的问题、将人整合进宇宙或者诸如此类整体之中的问题，都丰富了哲学思想的多样性。非洲哲学最重要的特点是：它在其历史中大多数时候是以口头的形式进行交流和传承的。在这一点上，它打破了长期存在且一再出现的对于哲学概念的局限，这种哲学概念固守在以书写形式进行的交流和传承的哲学之上。

由此，在总结性的思考中就产生出以下问题：主要诉诸口头形式的哲学思考的可能性与表达形式的特殊性何在？它们是如何与那种主要以书写形式进行的哲学进行比较的？就智者哲学，奥德拉·奥卢卡指出，这种哲学在比以书写形式进行的哲学大得多的程度上利用了记忆的潜能。① 因此，某些语言的表达形式与此密不可分，就像对特定的独特短语的重复，通过浓缩式表达进行的总结。知识储备的传递发生在年长的和年轻的哲学家们共同的生活和哲思活动的关联整体之中。对传统的固守和对传承之物进行批判性的继续塑造，二者同时发挥着作用。

雅科布·伊曼纽尔·马贝（Jokob Emmanuel Mabe）来自喀麦隆、在德国任教，他的教职论文研究的主题是，相对于哲学的书写形式，主要以口头形式进行的哲学思考的特殊性何在。马贝特别强调了三种“口头形式的方法”：中介化（Mediation）、灵感（Inspiration）和触发（Initiation），这三者要特别联系

① 亨利·奥德拉·奥卢卡：《智者哲学：本土思想家以及关于非洲哲学的现代阐释》，莱顿等地，1990 年，第 27—32 页。

到撒哈拉沙漠以南非洲哲学的这些思考的口头形式。

中介化（Mediation）意味着每个人都可能成为一个中介，获得来自于一个超感官的世界的音讯。在这里，马贝明确地将哲学的中介化与“巫医、女巫、圣人以及（如他所说的）其他假冒先知的神秘中介”划分开来。在他看来，在此说涉及的毋宁说是“媒介化或者中介化的理性”，通过这种理性产生出一种“精神与身体或者心与身的综合连结”。精神或者心具有的不仅是与超感官的理念世界的连结，它们也可以从逝者的灵魂那里接受信息。

灵感（Inspiration）和直觉在主要诉诸书写形式的哲思活动中也是不可缺少的。作为口头形式的方法，马贝在广阔得多的意义上理解灵感。根据他的论述，梦、音乐、舞蹈、讲求修辞的言说都是灵感的表达形式。灵感为进入“宇宙不可见的一面”开辟了可能的通道。

最后，触发（Initiation）不仅在特定的生命阶段中、而且也在不同的可进一步理解的知识中，都与仪式性的典礼有关。作为例子，马贝提到了“祈雨巫师”，巫师掌握了关于“为天气奠基的规则”的知识，这就使他有可能去影响天气。

按照马贝所探求的一种趋同哲学（Konvergenzphilosophie）的计划，他尝试着将口头的和书写的哲学聚集到一起并且使之相互协调。他将主要以书写形式进行的哲思方法归于口头形式的方法。因此他想将中介化与“分析”、灵感与“试验”联系到一起。在书写形式的哲学中找不到与触发方法上对等的要素，尽管自身使命感（“任命”）也在这里扮演了一个并非无足轻重的角色。按照马贝的论述，哲学思考的两种基本类型可以相互补充，因此一种针对世界范围内哲学工作的远比以前强大的整体手段就得以形成。①

揭示出主要以书写形式和主要以口头形式所进行的哲思之间的趋同的可能性，这毫无疑问是重要的且面向未来的。除此之外，在笔者看来充满意义的是，并不只是要追求两种哲学思考方式的混合和协调，而也要让每种方式独立地继续发展和构建。无论如何都应当存在着这样的可能性，即按照重点运用口头形式

① 雅科布·伊曼纽尔·马贝：《非洲哲学思考的书写形式和口头形式》，教职论文，柏林工业大学哲学系，2004年，第196—213页。（引文中括号里的内容由本书作者海因兹·基姆勒添加的）

的方法或者书写性质的方法去进行研究。跨文化的哲学对话寻求通过将不同文化中哲学的结合和相互关联而实现内容上的充实和丰富，在这种对话中就同时得出了共同性和差异性。因此可以说，非洲的共同体意义和欧洲的—西方的个体主义，二者都处于变动之中，有一部分经历了彼此间的熟识和对话，有一部分还在不同的道路上。对这个话题的跨文化哲学对话中最终可以得出：一方面，在非洲思想中，“我”是在“我们”中得到强化的；另一方面，在欧洲的—西方的思想中“我”在“我们”之中的嵌入式存在也获得了意义。但是这两个实例中各自不同的着重点仍然得到了保存。

通常而言，在这里所涉及的并非全部或者部分地只在可以理解他者的范围内接受他者的立场。对理解视域的拓展本身也已经具有了一种并非微不足道的认识论和伦理学上的意义。因此，为了再度考虑这个例子，非洲哲学家们对于真理问题完全迥异的处理方式还会有助于在自身传统的实际的思想情境中将目光投向较少受关注之物或者遗忘之物。在自身讨论中，对于潜流、对于有意识或者无意识地被排除之物的一种普遍的敏感性，本身就已是有价值且有用的。在今日之世界，对于共同性和差异性的追求处于第一位。环境保护、维护和平以及与基因控制技术之危险可能性的接触等都是世界范围的问题，所有可支配的思考和解释性反思的工具都被用来解决这些领域中问题。然而对于差异状态以及不可协调的差别的保持也是很重要的。在这条道路上，我们应当维持一种关于思考工具和思考可能性的动态储备；当这种储备有效时，未来就能够从中汲取力量去迎接新的挑战并且致力于解决目前尚未明了的问题。

索　引

汉译人名索引

B

C

D

E

F

重要概念、地名和机构名汉译索引

E

F

G

H

J

K

W

X

Y

Z

译后记

2013 年夏天我在维也纳大学访学时，参加了欧洲跨文化哲学学会的一个会议，会上认识了海因兹·基姆勒教授，对于他早年在德国波鸿大学时期的黑格尔研究，我早有耳闻。他很有兴致地跟我攀谈，谈及自己近年来关注非洲哲学的研究，但是在中文世界对于非洲哲学的关注甚少，教授建议我如有时间可以做一些这方面的翻译。数周后他从荷兰寄了这本题为《世界哲学背景下的非洲哲学》的小书给我，当时我翻看了一下，此书清晰全面地介绍了非洲哲学的概况。但当时手头另有研究和翻译任务，因此并未真正考虑把它翻译出来。

2014 年春天我邀请了维也纳大学哲学系的跨文化哲学研究专家维默（Franz Martin Wimmer）教授访

问浙江大学，期间也曾聊及中文哲学研究视野的狭窄。实际上汉语哲学可以从非洲哲学中借鉴参考之处并不缺乏。非洲哲学的合法身份，西方传统与本土文化，政治哲学的本土化，全球化中自身民族文化身份的认同，等等这些问题和议题在汉语文化中都似曾相识。了解非洲这个他者在这些问题上的思考和应对，对于汉语文化在全球化世界中的自身定位，毫无疑问有着极为重要的借鉴功能。因此维默教授也建议可以做一些这方面的翻译，比如翻译基姆勒教授关于非洲哲学的这册小书。

及至 2015 年下半年，在与我的大学同学、人民出版社的李之美编辑聊翻译选题时，我提到了这本书，得到了热心的回应。李之美编辑很快推动了此书汉译版权的落实，因此翻译一事再也无法推脱。好在本书语言清晰、篇幅紧凑，花了数月时间即告译毕。最令我遗憾的是，在 2016 年年初我得知了基姆勒教授去世的消息，在处理汉译版权以及我着手翻译时，我们还通过邮件，很可惜他无法见到他的这本著作的汉译本付梓了。

这本书应是中文世界第一本在跨文化视域下概述非洲哲学全貌的译著。说起来五四之后的中国，对于外国文化颇为看重，但这个外国始终是欧美西方世界，甚至可以说现代中国文化的自我理解和自我定位就是以西方这个唯一他者作为参照系而进行的，而且这个他者始终是强势的、具有侵略性的，与之相对的中国和东方则是弱势的、饱受欺凌、咬牙立志崛起的。20 世纪 80 年代之后，东西比较哲学在汉语世界逐渐成为热门话题，但所谈大多无非明确或隐晦地指向东西二元框架下“三十年河东，三十年河西”的中国文化崛起论。

而与此同时，随着中国经济的发展，中国人的投资足迹已遍及全球，近年来更在政治上提出了文化走出去和“一带一路”的设想，中国要拥抱全球化。遗憾的是，我们在媒体上仍然可以经常看到中国同胞或公司在一些国家受到不公正的对待，与当地民众冲突等事例比比皆是。究其原因，一方面我们固然可以责怪他国法制不健全、人民不文明、政客居心叵测等；但另一方面，如果反躬自省，我们是不是应该反思自身的问题：我们在非洲、拉美、中亚、西亚、南亚和东南亚这些国家进行经济投资和文化合作时，我们对这些国家本身的传统了解多少？我们有没有在全面了解的基础上尊重他们的传统？我想答案都是否定的。

以我所在的外国哲学学科为例，多年来汉语学界对于非洲、拉美、近东等地区哲学的研究几近空白，所谓外国哲学只是欧美（可能还有一点日本和印度）哲学而已。这当然不是一个正常的现象，与当下中国外交政策也是不匹配的。我经常想到一些并不合适的对比：在欧美列强19世纪殖民中国之前，已有两百年的以传教士为主体推动的汉学研究历史，中国的文化经典如《易经》、《道德经》、《论语》等在欧洲有了多种译本和大量读者；当年日本在推行大东亚共荣圈、图谋侵吞亚洲时，他们的学者在东北亚、东南亚做了大量细致的文化研究工作，以至于到了今天诸如宗教学、民俗学、人类学等很多学科里，当时那批日本学者的研究成果仍然是奠基性的经典之作。相形之下，今天当我们面对全球化、需要展开国际交往的时候，当我们在非洲、拉美和近东地区展开大规模经济合作的时候，文化研究这门基本功课却几乎还是空白，更谈不上基于对陌生传统的认知和理解的文化交流和文化创新了。

在这个意义上，今天我们对于非洲、拉美、中亚、西亚等原本中国人的“文化盲区”的关注就有了非常重大的意义。往大了说，以现象学思潮为代表的现代和后现代哲学致力于消解传统哲学的自我中心主义，强调多元复数的他者是自我意识的前提，但是在近代的中国语境中，自鸦片战争以来，我们的民族和文化认同却只是在对西方这个唯一他者的仰视中形成的。随着全球化的推进，当我们需要更新我们的自我意识时，只以西方的唯一他者为参照系显然是过于狭窄了，世界上还有非洲文化、拉美文化、中亚文化等等历史悠久的伟大传统，中华文化的自我理解和定位只有基于对全球文化的全面认识、在这多重他者的参照下，才能真正形成。毕竟，在全球化的时代，我们的世界不是“河东”、“河西”的两极，而是多极的。往小了说，在哲学学科内，2018 年世界哲学大会将在北京举行，彼时我们将看到全球化时代哲学的多元化图景，看到非洲本土哲学，非裔哲学，拉美哲学等陌生领域的研究状况。在此意义上，这本小书也为汉语学界即将面临的这次“相遇”作了些微准备。

王　俊

2016 年 5 月于杭州